TEMPOS VIVIDOS, SONHADOS E PERDIDOS

TOSTÃO

# Tempos vividos, sonhados e perdidos

## Um olhar sobre o futebol

3ª reimpressão

COMPANHIA DAS LETRAS

Copyright © 2016 by Tostão

*Grafia atualizada segundo o Acordo Ortográfico da Língua Portuguesa de 1990, que entrou em vigor no Brasil em 2009.*

*Capa*
Alceu Chiesorin Nunes

*Foto de capa*
© Bob Wolfenson

*Preparação*
Osvaldo Tagliavini Filho

*Revisão*
Carmen T. S. Costa
Renata Lopes Del Nero

Dados Internacionais de Catalogação na Publicação (CIP)
(Câmara Brasileira do Livro, SP, Brasil)

Tostão
    Tempos vividos, sonhados e perdidos : um olhar sobre o futebol
/ Tostão. — 1ª ed. — São Paulo : Companhia das Letras, 2016.

    ISBN 978-85-359-2791-7

    1. Crônicas brasileiras 2. Futebol I. Título.

16-05914                                                    CDD-869.93

Índice para catálogo sistemático:
1. Crônicas de futebol : Literatura brasileira 869.93

[2017]
Todos os direitos desta edição reservados à
EDITORA SCHWARCZ S.A.
Rua Bandeira Paulista, 702, cj. 32
04532-002 — São Paulo — SP
Telefone: (11) 3707-3500
www.companhiadasletras.com.br
www.blogdacompanhia.com.br
facebook.com/companhiadasletras
instagram.com/companhiadasletras
twitter.com/cialetras

# Sumário

| | |
|---|---|
| Colaboradores............................................. | 7 |
| Introdução................................................. | 9 |
| 1. Encantamento........................................... | 11 |
| 2. Os ídolos também envelhecem.......................... | 21 |
| 3. João Saldanha, o humanista............................ | 36 |
| 4. Zagallo, o estrategista.................................. | 51 |
| 5. Um time inesquecível................................... | 61 |
| 6. Bebi champanhe na taça Jules Rimet.................... | 71 |
| 7. Morte e renascimento................................... | 77 |
| 8. Intermezzo............................................. | 87 |
| 9. O encanto da derrota.................................. | 92 |
| 10. Os "quases" da vida.................................... | 102 |
| 11. Convulsão ou piti..................................... | 113 |
| 12. A volta por cima....................................... | 124 |

13. A vida é um espanto.................................... 135

14. Futebol revolucionário................................ 143

15. Uma grande ilusão.................................... 152

16. A tragédia dos 7 a 1.................................. 159

17. Não foi por acaso.................................... 167

18. Futebol, ouro e lama................................. 183

19. Desconstrução e reconstrução........................ 189

Créditos das imagens..................................... 195

# Colaboradores

Juca Kfouri, jornalista, escreveu o capítulo 18, "Futebol, ouro e lama", sobre a evolução do poder político e financeiro da Fifa, que se espalhou pelas federações de todo o mundo. Dr. Roberto Abdalla Moura, médico oftalmologista, radicado nos Estados Unidos na época da Copa do Mundo de 1970, escreveu o capítulo 6, "Bebi champanhe na taça Jules Rimet". Ele, meu médico, a convite da então Confederação Brasileira de Desportos (CBD), assistiu nos estádios a todos os jogos da Seleção.

Rodrigo Fuscaldi, jornalista, coordenador de jornalismo do Minas Tênis Clube, trabalha comigo há muitos anos. Ele opinou sobre os textos e ajudou na revisão e nas notas de rodapé de todo o livro.

# Introdução

Os "tempos perdidos" do título do livro são momentos não vividos, que ficaram soltos no tempo e no imaginário. Não nos lembramos de muitas coisas que estão em nossa memória, e o que recordamos nem sempre é um retrato exato dos fatos. Com frequência, esquecemos, reprimimos e sublimamos o que não queremos lembrar. A lembrança dos fatos não costuma ser a primeira imagem, a real. Às vezes, a verdade chega perto, mas foge de nossa consciência, como ocorre quando acordamos e tentamos lembrar o que sonhamos. Os fatos que esquecemos não desaparecem. Vão para debaixo do tapete da memória e podem voltar a qualquer momento, sem avisar, muitas vezes disfarçados, incompreendidos.

A finalidade principal deste livro não é escrever sobre minha carreira de atleta, muito menos sobre minhas memórias pessoais. Não é uma autobiografia, nem um almanaque, nem um livro de pesquisa de informações. Também não tenho a pretensão de contar a história do futebol brasileiro, que já tem 120 anos, o dobro do tempo contado neste livro. A tentativa é fazer uma síntese da

9

evolução do nosso futebol nos últimos sessenta anos, especialmente das seleções brasileiras e das Copas do Mundo, a partir de minhas lembranças e impressões sobre as coisas que vi, senti, participei, analisei e imaginei nesse período, como garoto, adolescente, atleta profissional, médico, professor de medicina, comentarista de TV, colunista e cidadão. O futebol e o mundo mudaram muito ao longo desse tempo. Já minhas grandes dúvidas continuam as mesmas.

Por exagero didático, dividi esses sessenta anos em três períodos de mais ou menos vinte anos cada um, com um futebol praticado em diferentes qualidades e estilos. O primeiro, do final dos anos 1950 até o início dos anos 1970, foi de encantamento, beleza e fantasia. O segundo, chamado por José Miguel Wisnik de intermezzo, foi o do conflito entre a ciência e a improvisação. O terceiro, o da conciliação entre os dois olhares anteriores. Coincidentemente, minhas relações com o futebol foram também distintas em cada uma dessas três épocas. Nas primeiras duas décadas em questão, fui uma criança e um adolescente que gostava muito de futebol, que se tornou atleta e que foi obrigado a encerrar a carreira precocemente aos 26 anos de idade. Nas duas seguintes, fui estudante, médico e professor de medicina. Nos últimos vinte anos, trabalho como comentarista e colunista esportivo. "A vida dá muitas voltas, a vida nem é da gente" (João Guimarães Rosa).

# 1. Encantamento

Em 1863, foi criada a Liga Inglesa, a primeira associação do futebol mundial. Foram definidas as dezessete regras, como o tamanho do campo e o número de jogadores. Continuam atuais. O futebol teria chegado ao Brasil em 1864, trazido por Charles Miller, filho de um inglês com uma brasileira. Ele trouxe duas bolas, uma agulha para enchê-las, dois jogos de uniformes e dois livros de regras. No início, o futebol no Brasil era jogado apenas por brancos e ricos. Era ruim e chato. Como ninguém ia ao campo, isso mudou. Na década de 1920, o Vasco foi o primeiro clube a aceitar um negro em seu time, embora alguns digam que foi o Bangu, time de fábrica, o que faz sentido. Em 1933, começou o profissionalismo no país. O cronista Mário Filho, que dá nome ao Maracanã, foi, no *Jornal dos Sports*, o grande difusor do futebol como cultura popular. Desde pequeno, ouço que o Brasil é o país do futuro e que o futebol é desorganizado fora de campo. O futuro ainda não chegou, e o futebol, apesar de ter se transformado em um grande negócio, continua desorganizado, dirigido por muitos amadores e incompetentes. Nasci em 1947. Antes de 1958, não tenho lembranças do futebol brasileiro, a não ser o que li e escutei, especialmente sobre as Copas anteriores. A literatura sobre a derrota de 1950 para o Uruguai, no Maracanã, é enorme. Armando Nogueira, companheiro na televisão, gostava de falar da seleção húngara de 1954, com Puskás e outros craques, que eliminou o Brasil e perdeu a final para a Alemanha. Antes de ele falecer, eu deveria ter lhe perguntado sobre qual das seleções ele achava melhor: as do Brasil de 1958 e 1970 ou a da Hungria de 1954. Pelé, que jogou as Copas de 1958 e 1970, disse que a brasileira de 1958 era superior. Recentemente, vi na íntegra algumas partidas da Copa de 1958, disputada na Suécia. A Seleção era melhor do que eu imaginara. Tinha Pelé e Garrincha, juntos, os dois maiores jogadores da história do futebol brasileiro, além de Didi, Nilton Santos e outros supercraques. Individualmente, deve ter sido superior à Seleção de 1970. Com Pelé e Garrincha, o Brasil nunca perdeu um jogo.* Alguns jornalistas dizem que os primeiros três minutos do jogo entre Brasil e Rússia, o terceiro do Mundial de 1958, foram os mais espetaculares da história do futebol. Aquela seleção brasileira foi o início da passagem do jogo natural, amador, espontâneo, para o futebol coletivo, organizado, profissional. No entanto, pelo estilo mais lento e pelos longos espaços entre os setores do

---

* Garrincha e Pelé atuaram juntos, com a camisa do Brasil, entre maio de 1958 e julho de 1966. Foram quarenta jogos, com 36 vitórias e quatro empates. Juntos, marcaram 55 gols: Pelé, 44, e Garrincha, onze. Os dois estrearam e se despediram da seleção brasileira com duas vitórias sobre o mesmo adversário: a Bulgária. O primeiro jogo foi no dia 18 de maio de 1958, no Pacaembu, em amistoso preparatório para a Copa do Mundo da Suécia. O Brasil venceu por 3 a 1, com dois gols de Pelé e um de Pepe. A despedida foi no dia 12 de julho de 1966, na Copa do Mundo da Inglaterra. Vitória de 2 a 0, gols de Pelé e Garrincha.

campo, era algo que fazia parte do futebol mais antigo, das décadas de 1930, 1940, 1950 e 1960. A Seleção de 1970, revolucionária para a época, mais disciplinada taticamente, com um jogo mais veloz e mais preocupada com a marcação sobre os adversários, foi o início do futebol moderno de hoje, embora o jogo fosse de intensidade e velocidade incomparavelmente menores que as atuais. Os jogadores de hoje, com excepcional preparo físico, jogam outro futebol. Se continuarem a correr cada vez mais, no futuro, será outro esporte.

Aos sete anos de idade, comecei a jogar no time do nosso bairro, com chuteiras, meiões e camisa de time de futebol, em um campo do mesmo tamanho em que jogam as equipes profissionais. O primeiro jogo que fiz com chuteiras foi contra o infantil do Atlético-MG, no campo do Galo. O time era formado por meninos de dez a catorze anos. Eu tinha sete. Como faltou um jogador, entrei com uma camisa em que a faixa horizontal ficava abaixo do calção. Todos riram. Ganhamos por 2 a 1, e eu fiz o gol da vitória, como ponta-esquerda. O grande ídolo do futebol mineiro na época, Ubaldo Miranda, famoso pelos gols impossíveis, que eram chamados também de gols espíritas, assistiu ao jogo e, após a partida, foi me cumprimentar. Fui carregado pela torcida do bairro até o IAPI, onde morava, por mais ou menos uma hora.

Meu pai, bancário, homem simples e de poucas palavras, extremamente generoso, antes do jogo de domingo, sempre às onze horas da manhã, passava no mercado, comprava bananas e distribuía a todos os meninos durante o intervalo. Ele, que não tinha nenhum conhecimento médico, dizia que banana continha muito potássio e que evitava câimbras, o que é verdade. Hoje, muitos atletas profissionais, de vários esportes, comem bananas durante os jogos. O técnico do time era Itaíbes, desenhista e publicitário, um homem visionário e culto. Ele exigia bola de pé em pé, pelo chão, da defesa até o gol adversário, uma característica dos grandes times do futebol brasileiro da época que foi dilapidada com o tempo, com a justificativa de que era necessário se adaptar ao futebol moderno. Hoje, as melhores equipes do mundo fazem isso, evidentemente, com outro ritmo e outra velocidade, além de inúmeros outros detalhes positivos que foram incorporados. O jogo ficou mais intenso e mais veloz. Isso também é bonito.

Quando o Barcelona ganhou do Santos por 4 a 0 na final do Mundial de Clubes de 2011, o técnico Josep "Pep" Guardiola disse que o time catalão jogava no estilo que seus pais e avós falavam do futebol brasileiro. Quando via o Barcelona de Guardiola atuar, com Xavi comandando o jogo no meio-campo, com a preocupação de não perder a bola, lembrava-me do Santos de Pelé, que tocava, tocava, parecia lento, quando então, de repente, acelerava, com muita troca de passes, até chegar ao gol adversário.

No dia 29 de junho de 1958, com onze anos de idade, eu estava no bar do conjunto habitacional onde morava, o IAPI, no bairro Lagoinha, em Belo Horizonte, espremido no meio de uma multidão para escutar pelo rádio a grande final entre Brasil e Suécia. Eu era o único garoto. Daí, por ser muito pequeno, sempre o menor da turma, nasceu o apelido Tostão — na época, um tostão era a menor parte da moeda, equivalente a um centavo.

Desde cedo, gostava de jogar bola e de brincar com os meninos maiores, talvez pelo desejo de crescer rapidamente, de conhecer logo o mundo, de me antecipar ao tempo. Não é só a vida que passa rapidamente. Na ânsia de apressar o tempo, deixamos muitas vezes de viver intensamente o presente, como se alguns momentos especiais pudessem ser esquecidos ou adiados. Como disse o ator e diretor italiano Vittorio Gassman, deveríamos ter duas vidas: uma para ensaiar e outra para viver.

Escutamos, emocionados, os gols do Brasil. Quando terminou o jogo, vitória de 5 a 2, saímos pelo bairro cantando e dançando. Revezava-me nos ombros de meu pai e de meus três irmãos mais velhos. Os craques de 1958, que repetiram o título em 1962, foram meus primeiros heróis. Nunca imaginei que, oito anos depois, jogaria ao lado de vários deles, na Copa do Mundo de 1966, na Inglaterra. O futebol é repleto de histórias e lendas. Há muitas sobre a Copa de 1958. Contam que foram os mais experientes, como Didi, Djalma Santos, Gilmar e Nilton Santos, que escalaram Pelé e Garrincha, que eram reservas do ponta de lança Dida e do ponta-direita Joel, ambos do Flamengo. Falam ainda que o dr. João Carvalhaes, psicólogo da Seleção, teria dito que Garrincha não tinha condições emocionais nem responsabilidade para jogar o Mundial, por causa do amistoso, antes da Copa, contra a Fiorentina. Naquela ocasião, Garrincha driblou o zagueiro, o goleiro, parou com a bola na linha do gol, esperou os dois voltarem, driblou para trás, os dois caíram dentro do gol e Garrincha entrou com bola e tudo. Tempos depois, vi o lance pela TV. Era verdade.

No Brasil, a transmissão ao vivo pela televisão das Copas do Mundo começou em 1970. Assisti a todos os jogos da seleção brasileira da Copa de 1962, disputada no Chile, pelo videoteipe. Vi Didi comandar o jogo, como fez em 1958. Vi Nilton Santos, contra a Espanha, fazer um pênalti e dar um passo à frente, para enganar o árbitro (embora Juca Kfouri ache que não foi pênalti). Vi Pelé fazer um gol magistral, contra o México, depois se contundir e ser muito bem substituído, nos jogos restantes, pelo possesso Amarildo. Vi Garrincha fazer de tudo, gols de todos os jeitos. Não me esqueço, contra a Espanha, de ele começar a driblar no próprio campo, avançar uns dez metros com a bola, parar para esperar o marcador, driblá-lo novamente e, de dez em dez metros, chegar à linha de fundo e dar o passe para Amarildo fazer o gol.

No período entre 1958 e 1963, quando iniciei aos dezesseis anos minha carreira profissional no Cruzeiro, assisti pela televisão ou ao vivo, no estádio Independência, com meu pai e meus irmãos, a vários jogos de Pelé, Garrincha, Didi, Nilton Santos e vários outros craques, que estão entre os maiores da história de nosso futebol. No Raimundo Sampaio, verdadeiro nome do estádio, gostava de ficar na primeira fila da arquibancada, próximo ao gramado, onde via de perto os jogadores e sentia a emoção em seus rostos. Vi também, pela TV, as tabelas de Pelé e Coutinho, a dupla de ataque do Santos, com Pelé jogando a bola por cima do goleiro Manga, do Botafogo, no Maracanã. No Brasil, as partidas entre Botafogo e Santos eram tão ou mais espetaculares que as de hoje entre Real Madrid e Barcelona, na Espanha.

Didi, o Príncipe Etíope, como era chamado por Nelson Rodrigues, jogava com a cabeça em pé. Intrigava-me e impressionava-me como ele, com a parte externa do pé, dava uma curva na bola, que contornava o corpo do adversário, até chegar ao companheiro. Garrincha, o Fred Astaire de chuteiras, bailava em campo. Balançava o corpo, deixava o marcador paralisado e, imediatamente, colocava a bola nos pés ou na cabeça do atacante. O jornalista e depois técnico da seleção brasileira João Saldanha dizia que a grande qualidade de Garrincha era não perder tempo para pensar. Além de extremamente habilidoso e driblador, Garrincha possuía muita técnica e criatividade.

Pelé pensava e agia mais rápido que um megacomputador. Com dezessete anos, já executava, no mais alto nível possível, todos os fundamentos técnicos. Com o tempo, apenas ficou mais forte e descobriu novos truques. Mesmo sem treinar — já que, desde os dezesseis anos, jogava três vezes por semana, muitas vezes em países diferentes —, mesmo sem ter nenhum dos recursos tecnológicos e científicos de hoje, mesmo sem ter o amparo de especialistas na área esportiva, Pelé tinha uma excepcional condição física e técnica, o maior dos fenômenos. Por causa da anatomia de seu globo ocular, com os olhos expressivos e para fora, Pelé literalmente enxergava mais que os outros. Ele possuía o que

16

a ciência chama atualmente de inteligência cinestésica, que é a capacidade de mapear, sem racionalizar, em uma fração de segundo, tudo o que está em sua volta e calcular a velocidade da bola, dos companheiros e dos adversários. Depois que me tornei comentarista, crítico de futebol, tentei, por minhas lembranças, achar uma deficiência em Pelé. Não encontrei, apesar de ele ser mais fenomenal em umas coisas do que em outras.

Nilton Santos, a Enciclopédia do Futebol, sempre elegante, antevia a jogada, se antecipava ao atacante adversário e iniciava o contra-ataque, com belos passes. Nunca deve ter sujado o calção. Assisti a um jogo entre Atlético-MG e Botafogo, no Independência. O primeiro tempo terminou 4 a 0 para o Galo. No segundo, o Botafogo virou para 5 a 4. Nilton Santos não estava escalado. Em seu lugar, jogou seu irmão, Nilson Santos, fisicamente idêntico a ele. Com poucos minutos de jogo, intrigado, perguntei a meu pai se aquele não era o verdadeiro Nilton Santos. Meu pai respondeu: "Tem o estilo do irmão, se parece fisicamente com ele, mas não é ele". Continuei na dúvida, com vontade de perguntar de novo. Aí, veio uma bola pelo alto, Nilson Santos tentou dominá-la, a bola fugiu e o atacante do Atlético-MG fez o gol. Meus olhos e os de meu pai se cruzaram, e eu entendi a diferença entre um original e uma cópia, o que é e o que parece ser. O craque é. O que é, é.

Na parte tática, nas décadas de 1950 e 1960 e no período entre as Copas de 1958 e 1962, quase todos os times brasileiros atuavam no 4-2-4, com quatro defensores, dois jogadores no meio-campo (um volante e um meia-armador) e quatro na frente (dois pontas, um centroavante e um ponta de lança, que voltava para receber a bola, mas não participava da marcação). Segundo relatos, a seleção brasileira teria jogado dessa forma na Copa do Mundo de 1954, disputada na Suíça. O 4-2-4 teria sido inventado pelo técnico Martin Francisco, em 1951, quando dirigia o Villa Nova, de Nova Lima, Minas Gerais. Naquele ano, o Villa foi campeão mineiro. Martin Francisco dirigiu vários grandes times em todo o Brasil e foi meu treinador no Cruzeiro, em 1963, quando entrei na equipe principal, antes da inauguração do Mineirão. Dizem que Martin Francisco se tornou alcoólatra e que teria morrido na miséria.

No Mundial de 1958, o ponta-esquerda Zagallo percebeu que o meio-campo era enorme para apenas dois jogadores, pois havia muitos espaços entre os setores. Assim, quando o time perdia a bola, Zagallo voltava para marcar ao lado dos armadores e, quando recuperava a bola, avançava como um ponta. Fez o mesmo na Copa de 1962. Anos depois, na Copa do México, em 1970, Rivellino teve a mesma função, sob o comando do mesmo Zagallo, então técnico da seleção brasileira. Era o 4-3-3 pela ponta. Muito tempo antes, em 1951, o ponta Telê, no Fluminense, já fazia o mesmo, só que pelo lado direito. A partir da Copa de 1962, alguns times brasileiros preferiram manter os dois pontas e o centroavante e recuar o ponta de lança, para ser um terceiro jogador no meio-campo. Era o 4-3-3 pelo meio, muito usado até hoje.

O 4-2-4 e o 4-3-3, usados naquela época, foram resultantes do esquema WM, que surgiu na Europa no fim da década de 1920 com o inglês Herbert Chapman e foi trazido para o Brasil pelo húngaro Izidor Kürschner (ou Dori Kruschner, como era conhecido aqui), contratado para dirigir o Flamengo em 1937. O time jogava com três defensores, dois médios, dois meias e três atacantes (3-2-2-3). Para o WM formar o 4-2-4, um dos médios recuou para a zaga. Esse novo defensor, o zagueiro pela esquerda, é chamado até hoje de quarto zagueiro. Um dos meias passou a ser o segundo jogador de meio-campo, chamado de meia-armador, e o outro se tornou o ponta de lança, formando o 4-2-4.

O WM foi originário do esquema 2-3-5, com dois defensores,

três médios e cinco atacantes, usado no início do futebol no Brasil. O centromédio era o armador mais talentoso, o que tinha o melhor passe e a melhor visão do conjunto. Dele, surgiu o volante, apenas marcador, plantado à frente dos zagueiros. É interessante que hoje em dia, em alguns times, o volante mais recuado pelo centro é, como no passado, aquele com mais talento, como era o caso de Pirlo na Juventus, como é Busquets no Barcelona, Kroos no Real Madrid e Schweinsteiger na seleção alemã. É a volta do antigo centromédio, dos anos 1950. As coisas vão e voltam, com roupagens diferentes.

Antes da Copa de 1958, o jogador brasileiro já era conhecido por sua habilidade, fantasia e improvisação. Faltava um grande título mundial para mostrar que essa intimidade com a bola, o futebol moleque, descontraído, poderia também ser eficiente. Foi o que ocorreu na Copa do Mundo de 1958 e se repetiu em 1962, com quase todos os mesmos jogadores. A partir do primeiro título, nasceu a mística da camisa amarela, do futebol bonito, do futebol arte, da magia, enquanto os europeus jogavam o futebol força. Dizia-se que nasciam craques em cada esquina no Brasil. Alguns lances passaram a ser a marca característica do futebol brasileiro, como os passes de rosca, de curva, de trivela, os dribles de todos os tipos, os elásticos, os chapéus, a ginga, a finta com o corpo, sem tocar a bola, e dezenas de outros efeitos especiais. O mundo passou a adorar o futebol brasileiro. Quando aparecia um jogador de muita habilidade na Europa, diziam que atuava como um brasileiro.

Há uma grande discussão sobre as origens de tanta habilidade e fantasia. Muitos diziam que tudo começava nos campos de pelada, de terra, onde os meninos, em vez de estarem em escolas públicas, em horário integral, descobriam a intimidade com a bola, sem regras e professores. A miscigenação racial do povo brasileiro seria outro motivo. A importação de técnicos sul-americanos, como Fleitas Solich, Filpo Nuñes e outros, e húngaros, como Eugênio Medgyessy, Dori Kruschner, Imre Hirschl e Béla Guttmann, nos anos 1950, ajudou na evolução de nosso futebol. A Hungria tinha uma seleção fantástica em 1954, quando venceu o Brasil por 4 a 2.

O argentino Filpo Nuñes foi técnico do Cruzeiro em 1964, antes do Mineirão, que seria inaugurado no ano seguinte. Após as partidas, ele reunia os jogadores e perguntava a um meia ou a um atacante que havia sido muito elogiado pela imprensa: "Quantos gols você fez? Quantos passes deu para gols ou que poderiam ser gols?". O jogador respondia: "Nenhum". Filpo retrucava: "Então, você não fez nada".

Alguns pensadores relacionam o estilo descontraído e irreverente e a improvisação do futebol brasileiro com a brincadeira e a falta de compromisso — da mesma forma como alguns escritores, como Machado de Assis, definiram o homem brasileiro. Esses e tantos outros motivos foram determinantes para a criação do estilo brasileiro de jogar, único, que se perdeu progressivamente ao longo do tempo. Hoje, estamos sem identidade, sem saber onde estamos nem para onde vamos.

# 2. Os ídolos também envelhecem

Em 1960, Juscelino Kubitschek inaugurou Brasília. Em 1961, Jânio Quadros foi eleito, assumiu a Presidência do Brasil e, no mesmo ano, renunciou, depois de proibir o uso do biquíni e de outras excentricidades. Jânio quis dar o golpe de sair e de voltar a pedidos, com mais poderes, o que não aconteceu. João Goulart assumiu o poder.

Em 1961, com catorze anos, distribuí, com meus familiares, fotos de Jânio Quadros, candidato a presidente da República, e de Magalhães Pinto, candidato a governador de Minas Gerais, ambos pela UDN (União Democrática Nacional). Foi minha primeira decepção com os políticos.

Em 1961 e 1962, disputei o campeonato juvenil (até vinte anos) pelo América-MG e fui bicampeão mineiro. Na época, houve um jogo amistoso do time profissional contra a seleção brasileira, que não era a principal e que se preparava para um torneio sul-americano na Bolívia. No dia do jogo, foram me chamar em casa para participar da partida. Entrei no segundo tempo e fiz um gol contra o Brasil.

Como eu era amador e não tinha nem contrato de gaveta (contratos não registrados) com o Coelho, como o time é conhecido em Minas, poderia ir para onde quisesse. Comuniquei aos diretores a proposta do Cruzeiro. Disse que preferia continuar no América-MG, mas eles acharam que eu ainda era muito jovem para me profissionalizar. Um dirigente insinuou que eu inventei uma proposta para tentar fazer um bom contrato com o clube. O Cruzeiro não me roubou do América-MG, como diz a lenda. Teve inclusive de pagar uma quantia exigida pelo rival para eu ter condições de disputar o Campeonato Mineiro de 1963, meu primeiro Estadual.

No juvenil do América-MG, havia um técnico especial, Biju, um jovem empresário que adorava futebol. Ele me pedia para, depois do treino habitual, diário, exercitar sozinho o que eu fazia de melhor, para ficar ainda melhor. Recordo-me que treinava pegar a bola na meia esquerda para tentar colocá-la do outro lado, com um passe longo. Meus erros, dizia ele, eu deveria tentar corrigir, diariamente, nos treinamentos normais, com os outros jogadores. Lembro-me disso quando vejo hoje tantos jogadores parecidos, com muito ou pouco talento, serem formados na mesma produção em série, para exportação. Essa é uma das razões de o Brasil, apesar de formar um grande número de bons jogadores e de ser o maior exportador de atletas do mundo (em parte, por causa do tamanho do país), produzir hoje pouquíssimos jogadores excepcionais, fora de série, protagonistas da seleção brasileira e das melhores equipes do mundo.

Naquela época, com dezesseis anos, eu já era titular do Cruzeiro. Certa vez, fui com três amigos do bairro onde morava, todos mais ou menos da mesma idade, passar um fim de semana no Rio. Pegamos um ônibus na sexta-feira à noite e, no sábado, pela manhã, nos hospedamos em uma pensão, na praia de Copacabana. A avenida Atlântica tinha apenas uma pista.

Bastava atravessá-la para estar na praia. O tio de um dos amigos, que morava no Rio, se responsabilizou por nossa estadia na pensão. Divertimo-nos na praia, olhando as belas garotas, e no domingo à tarde fomos ao Maracanã assistir à final do Campeonato Carioca, um Fla-Flu. Terminou 0 a 0, e o Flamengo foi campeão. Com mais de 194 mil pessoas, foi o jogo de maior público entre clubes da história do futebol. Eu estava na arquibancada. Depois do jogo, fomos direto para a rodoviária e, na segunda-feira, pela manhã, chegamos felizes em Belo Horizonte. Depois, em 1969, joguei pela seleção brasileira, também no Maracanã, a partida de maior público pagante da história do futebol. Mais de 183 mil pessoas pagaram para ver o jogo entre Brasil e Paraguai, pelas Eliminatórias de 1970. Vencemos por 1 a 0.

No Cruzeiro, ficávamos concentrados em um hotel modesto, próximo ao centro e à zona boêmia de Belo Horizonte. O centroavante, que não era eu, na véspera dos jogos, colocava vários travesseiros na cama para simular uma pessoa dormindo e saía à noite para uma casa de prostituição. Fazia gols em todos os jogos. O técnico descobriu, não o deixou mais sair, e os gols secaram. Tivemos de fazer um pedido ao técnico. O centroavante voltou a se encontrar com sua amada e a fazer gols.

Em 1964, começou a nefasta ditadura militar no Brasil. Eu tinha dezessete anos e me reunia com a turma de jovens em frente ao edifício onde morávamos. Todos protestavam contra a deposição do presidente João Goulart. Aí, surgiu um morador, mais velho, fanático pelo Cruzeiro, que, ao escutar que o presidente havia sido deposto, entrou em pânico, chorou, pensando que era o presidente do Cruzeiro na época, Felício Brandi.

O Mineirão foi inaugurado em 1965. Eu tinha dezoito anos

e joguei pela seleção mineira contra o River Plate. Buglê,* que jogava pelo Atlético-MG, fez o gol da vitória por 1 a 0. Pela primeira vez, joguei em um grande estádio, lotado, com mais de 100 mil pessoas. Senti-me um atleta de verdade, quem sabe um futuro craque da seleção brasileira. Até aquele momento, eu era apenas um jovem que gostava de jogar bola, mas não tinha grandes ambições profissionais. Meu sonho principal era estudar e me tornar profissional liberal. Na época, o Cruzeiro, por acaso, formou um grande time, com a chegada de vários jovens, quase ao mesmo tempo (eu, Dirceu Lopes, Piazza e outros). Muitos falam até hoje que foi tudo planejado pelo então presidente Felício Brandi, que, segundo diziam, entendia muito de futebol. Ele entendia muito era de negócios.

As pessoas, principalmente as mais racionais, operatórias e fascinadas pela prancheta, relutam em aceitar o acaso como fator importante em nossas vidas. Têm descaso pelo acaso. Parafraseando o grande escritor Stefan Zweig, em seu livro *Momentos decisivos da humanidade*,** um gesto, um olhar, uma palavra, uma bola que bate na trave ou no adversário e que muda de direção e milhares de outros fatores comuns, que acontecem todos os dias, mas que não sabemos quando e onde vão ocorrer, podem mudar a história de um jogo, de um campeonato, de uma vida, de um povo, de um país.

Ou como diz o artista plástico e escritor Nuno Ramos: "Tudo parece fácil e concatenado quando ganhamos; tudo parece disper-

---

* José Alberto Bougleux, mais conhecido como Buglê, jogou no Atlético-MG entre 1963 e 1966. Além do Galo, marcou sua história no Santos, onde jogou de 1967 a 1968, e no Vasco, time que defendeu entre 1968 e 1974. Antes de encerrar a carreira, em 1975, ainda jogou por quatro meses pelo América-MG. Natural de São Gotardo, interior de Minas Gerais, Buglê é até hoje lembrado como o autor do primeiro gol no Mineirão.
** Stefan Zweig, *Momentos decisivos da humanidade*. Rio de Janeiro: Record, 1999.

so e difícil quando perdemos. No entanto, é por tão pouco que se ganha e se perde. O apito final estabiliza violentamente aquilo que, no transcorrer do jogo, parece um rio catastrófico de mil possibilidades, a nos arrastar com ele".*

Nos fins de semana, enquanto eu me concentrava para jogar no domingo, meus amigos de bairro, jovens como eu, iam a festas e bares, para conversar e tomar cerveja, ou ao cinema, para se divertir. Eu adorava futebol, mas tinha também muita vontade de estar com eles. Sentia que ganhava e que perdia algo. De 1963 a 1965, enquanto jogava no Cruzeiro, eu fazia ao mesmo tempo os três anos do então chamado curso científico, no Colégio Estadual, durante a noite, pois tinha de treinar de dia. Nos quatro anos anteriores, cursei o ginasial no Colégio Municipal, também uma escola pública. Na época, os melhores colégios eram os públicos. Hoje, é o inverso. Lamentável. Quando terminei o científico, deixei de fazer o vestibular e de estudar, pois já era um jogador de destaque. Sabia também que a carreira era curta, uma passagem de minha vida. Eu tinha sonhos intelectuais e acadêmicos, que vieram a se realizar antes do esperado, aos 26 anos, quando fui obrigado a parar de jogar por causa de problemas graves no olho esquerdo. Se parasse com 35, não teria essa disposição para voltar a estudar.

Quando jogava no Cruzeiro, costumava ir para a concentração com algum livro para ler (Hermann Hesse, Clarice Lispector, Jorge Amado, Fernando Sabino e outros) e com discos do Chico Buarque, Caetano Veloso, Tom Jobim, Edu Lobo, João Gilberto, tangos, boleros e sambas-canções (Dolores Duran, Nelson Gonçalves, Noel Rosa, Tito Madi, Maísa e outros). Levava uma vitrola portátil de plástico e meus discos de vinil. Enquanto

---

* Nuno Ramos, "Os suplicantes (aspectos trágicos do futebol)", em *Ensaio geral*. São Paulo: Globo, 2007.

isso, a maioria dos jogadores ouvia os discos de rock, da Jovem Guarda, de Roberto Carlos, e passava a maior parte do tempo jogando baralho e sinuca. Raul, nosso goleiro, dizia que eu era estranho, ainda mais que gostava de um papo sério, filosófico. Nessa época, começou a lenda, mais uma que não corresponde à realidade, de que eu era um intelectual. Eu era apenas um jovem de classe média que gostava de ler e de conversar sobre outros assuntos, de tudo o que meus companheiros do bairro gostavam e faziam. A lenda existe até hoje, ainda mais que, depois, me formei médico, estudei psicanálise e me tornei filósofo e psicólogo de botequim.

Gosto muito de ler, mas sou um leitor de poucos autores. Com o tempo, reli os livros que me marcaram na juventude, como *Mar morto*, de Jorge Amado, *Encontro marcado*, de Fernando Sabino, *O lobo da estepe*, de Hermann Hesse, *Água viva*, de Clarice Lispector, *Dom Casmurro*, de Machado de Assis, *Grande sertão: veredas*, de João Guimarães Rosa, *Dom Quixote*, de Miguel de Cervantes, e tantos outros.

O Cruzeiro foi campeão mineiro em 1965 e se tornou pentacampeão em 1969. No início de 1966, falava-se muito que um jogador de Minas Gerais seria chamado para os treinos da Seleção para a Copa, o que seria uma grande novidade. Na época, somente jogadores que atuavam no Rio e em São Paulo eram convocados. Os favoritos éramos eu e Dirceu Lopes, do Cruzeiro, e Buglê, do Galo. Fui o escolhido, com Alcindo, do Grêmio, e Nado, do Náutico. Diziam que tinha sido exigência da ditadura, só para agradar os outros estados, e que logo seríamos cortados. Foram convocados 44 jogadores, um número absurdo. Alcindo e eu, que fizemos uma boa dupla de atacantes no time reserva, conquistamos o lugar entre os 22 que seriam inscritos para disputar a Copa da Inglaterra.

No dia da apresentação da Seleção, para fazer exames médicos, um jornalista havia escrito que eu era muito baixinho para ser atacante do Brasil. No momento dos exames, mediram minha altura: 1,70 metro. Chamei o jornalista e disse para ele ver quanto Pelé media (1,71 metro). Não disse mais nada. Outro jornalista me perguntou se a camisa da Seleção pesava muito. Peguei uma, coloquei na balança e disse que pesava igual à do Cruzeiro. Sou uma mistura de tímido e atrevido.

Os treinos começaram em Lambari, cidade turística do sul de Minas. Era a primeira de tantas outras cidades brasileiras escolhidas para receber a Seleção, para agradar aos políticos, à ditadura e para encher os cofres da antiga Confederação Brasileira de Desportos (CBD), que passou a ser Confederação Brasileira de Futebol (CBF) em 1979. Quando cheguei ao hotel, vindo de Belo Horizonte, todos os jogadores já estavam no restaurante. Estava tenso por conhecer meus ídolos. Quando entrei, com o rosto vermelho, fui saudado por todos. Sentei-me à mesa ao lado do grande Djalma Santos e de dois outros jogadores que tinham sido também convocados pela primeira vez (um do Rio e outro de São Paulo). Conhecia a fama de Djalma Santos de ser brincalhão e muito alegre. Ele me deixou à vontade. Impressionou-me sua educação ao tratar os garçons e funcionários do hotel, sempre com um sorriso. Pelé tinha o mesmo comportamento. Já os outros dois pareciam ter um rei na barriga, pela maneira desrespeitosa com que tratavam os garçons, como se fossem idiotas, roceiros. Em minha carreira, conheci muitos Djalmas Santos e Pelés, mas também muitos outros como aqueles dois, que, aliás, me trataram bem. Com o tempo, percebi que os jogadores metidos à besta nunca eram os craques.

De Lambari fomos para Caxambu, outra cidade mineira. O time B da Seleção fez um jogo-treino contra o Cruzeiro. Atuei contra meu time.* Meu pai, Oswaldo Andrade, foi com a delegação do Cruzeiro, de ônibus. Ele queria me ver e conhecer Pelé, que brincou muito com ele. Meu pai, emocionado, pediu um autógrafo e chorou. Não é todo dia que um súdito conversa com o rei. Convivi com Pelé, quando a seleção brasileira se encontrava, de 1966 a 1972. Nunca o vi mal-humorado, triste, preocupado. Atendia a todos, sempre com um largo sorriso. Parecia gostar muito de ser o Pelé, o Rei. Parece óbvio, mas não é, pois são frequentes, com as celebridades, os atritos entre a personagem, o ídolo, a criatura e o indivíduo, o criador.

Como Pelé já era muito famoso aos dezessete anos, tenho a impressão — posso estar errado — de que o cidadão foi incorporado à personagem. Ele se tornou também um excepcional garoto-propaganda, o que faz até hoje. Passou a vida vendendo seu sorriso, sua imagem. Para isso, tentou sempre parecer um homem politicamente correto, exemplar, o que ninguém é. Os grandes talentos, em todas as áreas, são especiais por suas obras. Possuem virtudes e deficiências, em variadas proporções, como todos os humanos. Uma das razões possíveis de Maradona ser mais adorado pelos argentinos do que Pelé pelos brasileiros seria a de que Maradona escancarou todos os seus pecados e fraquezas. Isso o teria tornado mais real e mais humano para os argentinos.

A fama constrói um mito, uma personagem, e empobrece o ser humano. Há exceções. O craque Dirceu Lopes dizia que ninguém estava preparado para a fama.

A ansiosa dependência da aprovação e do olhar do outro, uma característica do ser humano, torna-se, com a fama, mais marcante. Existe uma divisão do eu. A personagem costuma con-

---

* Durante os treinos da Seleção em Caxambu, em 1966, houve dois amistosos (contra o Cruzeiro, em 28 de abril, e contra o Atlético-MG, em 1º de maio). Em ambos, Tostão marcou gols.

fundir admiração com sedução; o público com o privado; a glória e o sucesso com a fama; o prazer e o orgulho de fazer bem com o aplauso; o criador com a criatura.

Nos treinamentos para a Copa de 1966, com exceção de Pelé, era nítida a decadência dos bicampeões do mundo. A presença de vários deles no Mundial foi uma das razões da eliminação do Brasil na primeira fase, um vexame só menor que os 7 a 1 de quase cinquenta anos depois. Outros motivos foram a falta de seriedade na preparação técnica e física; a preocupação excessiva dos dirigentes em atender aos políticos e à ditadura; a ausência de um time, de um conjunto; a imaturidade técnica dos mais jovens; a soberba em achar que o futebol brasileiro era muito melhor do que todos os outros; e o fato de ter enfrentado duas fortes equipes: Portugal e Hungria. Na época, eram dezesseis participantes, e com frequência havia três times mais fortes em um grupo, o que raramente acontece hoje, com 32 seleções.

Mesmo Pelé não tinha as condições físicas e a velocidade dos anos anteriores. Recentemente, a *Folha de S.Paulo*, na seção "Há 50 anos", repetiu a manchete daquela época: "Que é que há com Pelé". O texto falava do excesso de peso e da apatia de Pelé na preparação para a Copa de 1966.

Antes de a Seleção chegar a Liverpool, na Inglaterra, onde disputaria a fase de grupos, ficamos quase um mês na Suécia. Em um amistoso,* joguei pela primeira vez ao lado de Pelé e Gérson. Voltaríamos a atuar juntos nas Eliminatórias para a Copa de 1970. No intervalo do amistoso, Gérson me perguntou se, em vez de jogar com um toque, eu poderia jogar com dois, pois daria tempo

---

\* Em 1966, foram quatro amistosos do Brasil na Suécia, com quatro vitórias: sobre o Atvidaberg (8 a 2, em Atvidaberg, em 27 de junho), sobre a seleção sueca (3 a 2, em Gotemburgo, em 30 de junho), sobre o AIK (4 a 2, em Estocolmo, em 4 de julho) e sobre o Malmö (3 a 1, em Malmö, em 6 de julho).

de ele chegar à frente. No Cruzeiro, eu costumava jogar com um toque, porque o meia Dirceu Lopes era muito veloz, passava por mim e recebia a bola na frente. Fiz o que Gérson sugeriu, e ficou muito melhor para todos. A lista dos 22 inscritos para a Copa sairia dias antes da viagem a Liverpool. Vários jogadores seriam cortados e voltariam para o Brasil. Na véspera do anúncio, encontrei, por acaso, o supervisor da Seleção, Carlos Nascimento, um homem sério e sisudo. Por distração, ato falho ou prepotência, perguntei-lhe a que horas viajaríamos para Liverpool. Ele me olhou e, rispidamente, perguntou como eu sabia que estaria na lista. Percebi o que tinha feito, o mico, e não dormi à noite, pensando que não estaria na relação por causa desse encontro. Felizmente, estava.

Em Liverpool, estava louco para conhecer o lugar onde os Beatles começaram a tocar. Estavam no auge. Em uma tarde de folga, fui ao Cavern Club e pensei que, quem sabe, poderia encontrar um deles. À primeira vista, fiquei decepcionado, pois era um cubículo, um inferninho. Mas logo percebi que estava ali o início da história da maior banda de todos os tempos.

No final dos anos 1980, entrei em uma loja de discos em Belo Horizonte, com filho adolescente. Olhava os LPs, quando meu filho me disse: "Pai, compre esse que está tocando". Ele não sabia quem cantava. Eram os Beatles.

Ficamos hospedados em um hotel distante da cidade, porém repleto de hóspedes. A Seleção ficava em dois andares separados, como fez na Copa de 2002, quando foi campeã. Perde-se e ganha-se de várias maneiras.

Em uma ocasião, vi um jogador famoso da seleção brasileira bater na porta de um apartamento de hotel onde se hospedava uma bela jovem, que ele sabia que estava sozinha, com a esperança de que ela o reconhecesse, pedisse um autógrafo e o convidasse a entrar.

Diziam que Garrincha ia ao bar durante a noite. De vez em quando, antes de dormir, eu passava por lá para escutar uma boa música ao piano, e nunca o vi. Será que Garrincha aparecia mais tarde? Segundo Ruy Castro, autor de *Estrela solitária*, a biografia de Garrincha, o jogador já era alcoólatra antes da Copa de 1966, e seu último grande jogo, espetacular, foi na final do Campeonato Carioca de 1962.

Garrincha garantiu seu lugar no Mundial, após um jogo--treino contra um time amador da Suécia. Eu e os outros reservas, próximos de muitos torcedores, não parávamos de rir com o baile que Garrincha dava em seu marcador, a dois metros de onde estávamos. Porém, sem velocidade, saía pouco do lugar. Mesmo assim, a comissão técnica achou que ele teria condições de jogar a Copa da Inglaterra.

Em 1982, Garrincha morreu por complicações do alcoolismo. Foi triste vê-lo em péssimas condições de saúde, no desfile de uma escola de samba. Será que estava feliz? O tempo tem sido injusto com Mané. Muitos, quando se lembram dos melhores jogadores da história, esquecem de Garrincha. Além de ter jogado em um tempo muito distante, ele era incomparável nas características técnicas. No Botafogo, havia uma ordem para que, quando a bola chegasse a ele, ninguém se aproximasse para não atrapalhá-lo.

Pelo pouco que convivi com Garrincha, discordo dos rótulos glamorizados atribuídos a ele, de que era totalmente distante do mundo, da realidade, que não sabia de nada e que era simplório, ingênuo e puro. Garrincha apenas não gostava de compromissos sociais, de assinar documentos e de dar entrevistas. Queria apenas se divertir, jogar futebol e, fora de campo, satisfazer seus instintos e desejos, muitas vezes incompatíveis com a vida de atleta, o que era comum na época.

Garrincha era o único jogador que brincava com o taciturno

Manga. Ele segurava a bochecha do goleiro e dizia: "Como você é feinho". Todos riam. Até Manga. O goleiro do Botafogo falava para todos — menos para Gilmar, o maior goleiro da história do futebol brasileiro — que ele, naquele momento, era muito melhor, que Gilmar estava decadente e que só era titular porque era bicampeão do mundo. E era verdade. Manga vivia seu melhor momento e foi o maior goleiro de clubes que já vi jogar. Ele teve duas atuações inesquecíveis contra o Cruzeiro. Uma, em Montevidéu, em 1967, quando o Nacional, do Uruguai, eliminou o time mineiro da Libertadores. Outra, em 1975, quando jogava pelo Inter, na final do Brasileirão (o Inter foi campeão, ao vencer o Cruzeiro por 1 a 0). Manga fez várias defesas maravilhosas em faltas cobradas por Nelinho.

Na véspera do decisivo jogo contra Portugal, na Copa de 1966, Manga foi avisado que jogaria (Gilmar fora titular nas duas primeiras partidas). Entrou em pânico. Passou a falar para todos que queriam colocá-lo em uma fria, que queriam "foder o Manguinha". Manga entrou e foi uma lástima. Engoliu um frangaço. O Brasil foi eliminado na primeira fase.

Naquela ocasião, a seleção brasileira só ganhou o primeiro jogo, por 2 a 0, da Bulgária, com dois gols de falta, um de Pelé e outro de Garrincha. Entrei contra a Hungria porque Pelé estava contundido. Apesar da derrota por 3 a 1, fiz o gol, atuei bem e garanti um lugar nas próximas convocações. Antes dessa partida, no vestiário, Djalma Santos, que não estava escalado, sentou-se ao meu lado, colocou a mão em meu ombro e disse algo assim: "Garoto, jogue como no Cruzeiro". Tentei, mas era impossível. Não havia o conjunto que tinha no meu clube.

Contra Portugal, Pelé voltou a jogar. O técnico Vicente Feola, como outros técnicos posteriores da Seleção, achava que eu teria de ser reserva de Pelé, por ter as mesmas características.

Quando passam as imagens do jogo contra Portugal,* sempre mostram duas faltas violentas sofridas por Pelé. Ficou também a lenda de que a seleção portuguesa ganhou porque marcou Pelé com violência e não o deixou jogar. Na verdade, Portugal era muito melhor do que o Brasil, pelo jogo coletivo, além de ter o segundo melhor jogador do mundo na época, Eusébio.

Na parte tática, a seleção brasileira voltou ao esquema anterior ao das Copas de 1958 e 1962, o 4-2-4, com apenas dois jogadores no meio-campo, um volante e um meia-armador. Feola foi técnico em 1958. Em 1962, o treinador foi Aymoré Moreira. Era uma época em que pouco se falava dos técnicos, a não ser dos cochilos que Feola dava durante as partidas. Os protagonistas eram os jogadores. Com o tempo, o futebol passou a ser visto e analisado a partir dos resultados e das condutas dos técnicos, que se tornaram estrelas, supervalorizados.

A Copa de 1966 foi um marco, uma inovação na parte tática por parte dos ingleses. Pela primeira vez, um time jogou no 4-4-2 — até hoje, meio século depois, o desenho tático mais utilizado em todo o mundo, com quatro defensores, quatro no meio-campo (dois volantes e um meia de cada lado) e dois atacantes. Seria como se a Inglaterra tivesse dois Zagallos, um de cada lado. Quando o time recuperava a bola, os dois meias se tornavam pontas. O esquema atual, muito usado em todo o mundo, o 4-2-3-1, é uma pequena variação do 4-4-2 inglês. A única pequena diferença era ter dois atacantes, em vez de um meia de ligação e de um centroa-

---

* A seleção brasileira foi derrotada por 3 a 1, no dia 19 de julho de 1966. O confronto foi realizado no estádio Goodison Park, em Liverpool, com 58 479 pagantes. Os gols de Portugal foram marcados por Antônio Simões e Eusébio (dois), enquanto Rildo descontou para o Brasil. O técnico Vicente Feola escalou os seguintes jogadores: Manga; Fidélis, Brito, Orlando e Rildo; Denílson e Lima; Jairzinho, Silva, Pelé e Paraná.

vante, embora muitas equipes hoje em dia, em todo o mundo, prefiram jogar como os ingleses em 1966, com uma dupla na frente, sem um meia pelo centro.

Nesses cinquenta anos, muitos times, em vez de atuarem com uma dupla de atacantes, recuavam um dos dois para fazer a ligação pelo centro, entre os volantes e o centroavante. Chamavam de 4-4-1-1, que é idêntico ao atual 4-2-3-1.

No Brasil, todos falavam que o 4-4-2 era muito defensivo, o que nem sempre era verdade. Quando os quatro do meio-campo marcam mais à frente e, alternadamente, chegam ao ataque, o time se torna também bastante ofensivo. Sempre que uma equipe brasileira ou a Seleção perdia para um time que jogava com duas linhas de quatro, os comentários eram de que os brasileiros não conseguiam furar a retranca. Com o novo esquema — o 4-2-3-1, que, repito, é uma pequena variação do 4-4-2 —, os times brasileiros passaram a marcar também com duas linhas de quatro, com o recuo dos meias, pelos lados, quando a equipe perdia a bola. Isso começou recentemente com Mano Menezes, no Grêmio, e com Tite, no Corinthians. Hoje, quase todas as equipes brasileiras atuam dessa forma. O time paulista, campeão do mundo em 2012 com Tite, era tão rígido na marcação e na formação das duas linhas de quatro que dava inveja aos mais disciplinados times ingleses.

A volta da Seleção para o Brasil em 1966 foi triste. Fomos de trem de Liverpool a Londres, onde pegamos um avião. Eu estava desolado pela eliminação na primeira fase. Sentia-me fracassado. Quando cheguei a Belo Horizonte, tive uma grande surpresa. Havia uma multidão esperando por mim no aeroporto, e até desfilei em carro aberto. Vivi uma situação surreal. Estava amargurado e ao mesmo tempo feliz, sorridente e agradecido pela homenagem. Um dos motivos de tamanha recepção era que, na época, apenas jogadores do Rio e de São Paulo participavam de Copas do Mundo. Eu era um herói, um orgulho para Minas Gerais. Após o Mundial, havia um grande pessimismo. Quase todos diziam que o futebol habilidoso, moleque, criativo, de muita improvisação e de muitos efeitos especiais, que era característica do futebol brasileiro, estava ultrapassado. Quase todos exaltavam o jogo coletivo, a força física, a velocidade, a marcação e a objetividade dos europeus, especialmente dos ingleses. Nelson Rodrigues, que diziam não entender nada de futebol, chamou, com ironia, os jornalistas brasileiros de "entendidos" e de "idiotas da objetividade". Os pessimistas esqueciam que, após 1966, além de Pelé, havia vários jogadores que tinham grandes chances de estarem entre os melhores da história do futebol mundial, como Gérson, Rivellino, Jairzinho e Carlos Alberto, o que realmente aconteceu na Copa de 1970. Agora, só temos um fora de série, Neymar. E ele não é um Pelé.

Depois da Copa, o poeta maior Carlos Drummond de Andrade, em um texto com o título "Aos atletas", dedicado aos jogadores perdedores, escreveu: "Depois da hora radiosa a hora dura do esporte, sem a qual não há prêmio que conforte, pois perder é tocar alguma coisa mais além da vitória, é encontrar-se naquele ponto onde começa tudo a nascer do perdido, lentamente".

35

# 3. João Saldanha, o humanista

Em dezembro de 1966, o Cruzeiro foi campeão da Taça Brasil em cima do Santos, primeiro goleando o maior time do mundo por 6 a 2, no Mineirão, e depois vencendo por 3 a 2, em São Paulo. Foi o encontro entre o jovem time do Cruzeiro, que despontava no cenário nacional e que jogava com muita velocidade, contra a experiente e cadenciada equipe do Santos, que já dava sinais de decadência, com o envelhecimento de vários craques. As pessoas mais jovens acham que, na Copa de 1970, Pelé estava no auge da carreira. Não é verdade. No período entre 1965 e 1970, Pelé já não tinha a mesma velocidade nem brilhava intensamente em todos os jogos, como era antes. Seu esplendor técnico foi entre 1957 e 1965. Antes do Mundial de 1970, Pelé fez um esforço intenso nos quatro meses de treinamento para ficar em grande forma, e conseguiu.

O esplendor técnico de um craque não costuma passar de dez anos. Após essa fase, o jogador administra a fama, tem ótimas atuações intermitentes, até o brilho se apagar. Há exceções. Ronaldinho Gaúcho só foi espetacular por uns três anos. Messi, que já é um grande destaque há dez anos, certamente ainda vai manter o altíssimo nível por mais algum tempo. Em 2007, pela primeira vez, ele já figurou entre os três melhores do mundo. Ficou em segundo lugar, atrás de Kaká.

No vestiário do Pacaembu, logo após o título conquistado pelo Cruzeiro diante do Santos, um fotógrafo, no meio da festa, colocou uma coroa de papel em minha cabeça e bateu a foto. No outro dia, estava na primeira página do jornal: "Tostão, o novo rei". Senti-me como um usurpador do trono, um picareta. Na época, começaram a me comparar a Pelé. Ficava incomodado. Dizia que, no máximo — o que já era um grande exagero —, eu imaginava as mesmas coisas que Pelé, só com a diferença de que ele as executava, por ter muito mais técnica, mais velocidade e mais força física.

Outra grande equipe daquela época foi o Palmeiras, a primeira academia, com o meio-campo formado por Dudu e Ademir da Guia, o Divino. João Cabral de Melo Neto escreveu sobre Ademir da Guia: "Ademir impõe com seu jogo o ritmo do chumbo (e o peso), da lesma, da câmera lenta, do homem dentro do pesadelo. Ritmo líquido se infiltrando no adversário, grosso, de dentro, impondo-lhe o que ele deseja, mandando nele, apodrecendo-o. Ritmo morno, de andar na areia, de água doente de alagados, entorpecendo e então atando o mais irrequieto adversário".

Em 1967, continuava o pessimismo com o futebol brasileiro, apesar de os jogadores que brilhariam na Copa de 1970 atuarem cada vez melhor em seus clubes. Todos jogavam no Brasil. Naquele ano, a Seleção, formada por um combinado de jogadores que não eram os principais do país mais os jogadores do Cruzeiro, que tinham acabado de jogar duas partidas pela Libertadores, em Montevidéu, enfrentou a seleção uruguaia. Foram dois empates. No Uruguai, fomos avisados de que o presidente deposto João Goulart, exilado no país vizinho, faria uma visita à Seleção, sem a presença de jornalistas, no hotel, em determinada hora. Os dirigentes falaram que ninguém precisava ficar para recebê-lo e, mais que isso, nos induziram a não estar presentes. Poucos o esperaram. Conversamos principalmente sobre futebol. Para satisfazer minha curiosidade, tive vontade de perguntar a ele outras coisas, mas achei que não devia. Foi uma rápida visita, que passou despercebida pela imprensa.

O chefe da delegação brasileira no Uruguai, no auge da ditadura, era o bicheiro Castor de Andrade. O presidente da então CBD era João Havelange. Os dirigentes geralmente escolhem para chefe de delegação pessoas de seus interesses políticos, financeiros e comerciais.

Em 1968, ano da peça *Roda viva*, escrita por Chico Buarque, do Álbum Branco dos Beatles, do assassinato de Martin Luther King, de grandes protestos pelo mundo, do famigerado AI-5, da invasão da Tchecoslováquia, dos Jogos Olímpicos do México, também se jogava futebol. O Cruzeiro foi tetracampeão mineiro. Diziam que Pelé estava decadente. A Seleção, sem Pelé, que jogava amistosos pelo Santos, fez uma longa excursão por vários continentes por mais de um mês. Já existia grande interesse da ditadura no sucesso do escrete nacional, como era chamada a Seleção. Houve também grandes mordomias, como hoje. Um avião fretado da Varig, lotado de convidados e familiares de dirigentes da CBF, ficava à disposição do time brasileiro. Contam que, após Pedro Álvares Cabral chegar ao Brasil e aqui ser realizada a primeira missa, Pero Vaz de Caminha mandou a mensagem ao rei de Portugal, dizendo: "em se plantando, tudo dá". Aproveitou para pedir emprego a seus familiares. Nascia o nepotismo brasileiro.

A estreia foi contra a Alemanha, então vice-campeã do mundo, um timaço. Levamos um baile. Perdemos por 2 a 0, mas poderia ter sido de quatro ou cinco, quem sabe até 7 a 1. O time brasileiro repetiu a formação tática da Copa de 1966, com apenas dois jogadores no meio-campo e quatro na frente (4-2-4).

No dia seguinte, já na Polônia, onde seria o segundo jogo, Gérson, Rivellino e eu conversamos no hall do hotel e decidimos que era preciso mudar a maneira de jogar. Combinamos que Gérson seria o volante mais recuado, pelo centro, enquanto Rivellino jogaria pela esquerda, ao seu lado, e eu pela direita, apesar de canhoto. Resolvemos ainda que marcaríamos mais atrás e, quando tivéssemos a bola, avançaríamos, trocando passes ou com lançamentos longos. Aí, houve a grande dúvida: avisaríamos ou não o treinador Aymoré Moreira? Ele havia comandado a Seleção no bicampeonato em 1962 e fora chamado de volta após o fracasso de 1966. Aymoré era irmão de Zezé Moreira e de Ayrton Moreira, meu treinador no Cruzeiro. Resolvemos não falar nada. Gérson disse que, se desse certo, Aymoré Moreira fingiria que nada tinha acontecido. Demos um baile na Polônia, e Aymoré Moreira foi muito elogiado. Com essa formação, além de dois pontas e um centroavante, o time teve uma boa média de resultados e de boas atuações nos outros jogos.

Nessa ocasião, fizemos um amistoso contra Portugal em Lourenço Marques (atual Maputo), capital de Moçambique, que na época era colônia portuguesa. Quando chegamos ao aeroporto, havia uma enorme multidão, e todos gritavam "Pelé, Pelé". Imaginei que não sabiam que Pelé não estava presente. No hotel e nos treinos foi a mesma coisa. Quando chegamos ao estádio para o jogo, a multidão era muito maior. Continuavam gritando por Pelé, e pensei que todos entrariam para ver o jogo. Quando começou a partida, olhei em volta, e o estádio estava quase vazio. Aí, compreendi que o ingresso era muito caro e que só os portugueses mais ricos assistiriam à partida. Os africanos não viram o jogo nem Pelé. Algo parecido ocorre hoje em muitos estádios brasileiros, com a elitização do futebol. Deveria haver ingressos com preços diferentes. O futebol deixou de ser uma festa popular.

Durante a excursão, machuquei a perna. Fiz um tratamento com infravermelho (usado na época), dormi na maca e tive uma queimadura. No outro dia, o médico da Seleção, dr. Lídio Toledo, disse que eu não poderia jogar. Retruquei e falei que não haveria problema. Sabia que, se o time ganhasse, poderia perder a posição, já que tínhamos sido derrotados no jogo anterior. Insisti e joguei bem. Ganhamos. Desconfiei que ele não quisesse que eu jogasse, porque entraria em meu lugar um jogador do Botafogo, clube de Lídio. Distraidamente, comentei isso com um repórter, e o assunto virou notícia. Com o tempo, achei que me excedi e pedi desculpas a ele. Mas existem muitas histórias de médicos que ajudam os treinadores, quando estes querem tirar um jogador e não sabem como fazê-lo.

Na viagem, era dificílimo falar pelo telefone com o Brasil, além de ser muito caro. A solução, então, era mandar cartões-postais, que chegavam ao Brasil depois de nós. Um companheiro me pediu para escrever no cartão alguma coisa bonita, romântica, para a namorada dele. Eu tinha a fama de mais culto, de conhecer mais as palavras. Escrevi, e ele ficou contente.

Em setembro de 1969, enquanto o Cruzeiro fazia um amistoso contra o Fluminense no Maracanã (vitória do Cruzeiro por 3 a 0), o embaixador norte-americano Charles Burke Elbrick, sequestrado pelo MR-8 e pela Ação Libertadora Nacional, era libertado em frente ao estádio, em troca de prisioneiros da ditadura militar.

Naquele mesmo ano, para surpresa de todos, João Saldanha, jornalista esportivo multimídia, ótimo comentarista de rádio e de televisão e colunista de jornais, tornou-se o técnico da Seleção. João Saldanha era um homem culto, humanista, fantasioso, contador de histórias, além de ter sido membro do Partido Comunista Brasileiro. Era extremamente popular, pela maneira espontânea e corajosa com que fazia seus comentários. Hoje tenho grandes dúvidas em relação a isso. Será que ele foi convidado para levantar o país, que andava desanimado com a Seleção (algo parecido com o que ocorreu com Luiz Felipe Scolari em 2014)? Será que a comissão técnica consultou o ditador Emílio Garrastazu Médici? Será que a ditadura achou acertada a escolha, por ser João Saldanha muito popular (o que alegraria o povo, desde que ele não falasse nada contra o governo)? Certamente, João Saldanha ficou constrangido por ser técnico da seleção de um país que estava em plena ditadura e que perseguia os comunistas, mas o desejo de comandar o time brasileiro estava à frente. Ele não era uma pessoa que precisava de tempo para resolver as coisas. Era um homem de rompantes. Recebeu o convite e aceitou na hora. "Topo", disse, sem pensar sobre as dificuldades que teria mais à frente.

Saldanha entrou e incendiou o país, com seu jeito espontâneo e autêntico. Deu o apelido de "feras" aos seus jogadores, que se tornaram "As Feras do Saldanha". Rapidamente, criou-se um ambiente de otimismo com o time brasileiro, ainda mais que havia Pelé e tantos outros craques. Na primeira entrevista, Saldanha escalou o time titular. Eu estava ao lado de Pelé. Saldanha chegou para mim e perguntou: "Qual é a sua dificuldade na Seleção?". Respondi: "Todos os técnicos acham que tenho de ser o reserva de Pelé, e penso que poderíamos jogar juntos". João Saldanha falou: "Você é titular absoluto, mesmo que jogue mal várias partidas seguidas". Isso me deu uma confiança enorme, e foi meu maior momento individual na Seleção, muito melhor que na Copa. Fui o artilheiro das Eliminatórias Sul-Americanas, com dez gols, o maior número em uma única edição da competição. Dias depois da apresentação, Saldanha me chamou novamente e disse: "Você tem uma perna muito grossa e não pode jogar com essa meia de elástico. Ela prende a circulação. Vou fazer uma meia especial para você". Fez, e foi ótimo.

Em junho de 1969, já sob o comando de Saldanha, houve um amistoso da Seleção no Maracanã contra a Inglaterra, campeã do mundo em 1966. Ganhamos por 2 a 1, de virada. Fiz o primeiro gol, deitado, num lance que os ingleses comentam até hoje — parecido com o gol de Fred, contra a Espanha, na final da Copa das Confederações de 2013. No segundo gol, eu, canhoto, driblei pela direita e passei a bola para Jairzinho marcar. A vitória foi como um renascimento do futebol brasileiro.

O Brasil jogou muito bem todos os jogos das Eliminatórias. O primeiro foi na Colômbia, onde ficamos três semanas para nos adaptar à altitude. No hotel, vi pela televisão o homem pisar na Lua pela primeira vez. Já havia um grande plano científico feito para as Eliminatórias e para a Copa do Mundo, como detalho no próximo capítulo. Um dos mentores desse plano foi o capitão Cláudio Coutinho, preparador físico, homem inteligente, que se tornou diretor técnico na Copa de 1970 e, depois, treinador do Flamengo e da seleção brasileira na Copa de 1978. No início do jogo contra a Colômbia, levei um corte no supercílio e tive de receber alguns pontos fora do gramado. Voltei, fiz os dois gols da vitória por 2 a 0 e tive uma grande atuação. Tentaram relacionar esse fato com o descolamento de retina que tive meses depois, o que foi sempre negado pelos médicos.

Contra a Venezuela, em Caracas, o primeiro tempo terminou 0 a 0. Perdemos uns dez gols. Irritado, Saldanha nos castigou, proibindo-nos de entrar no vestiário durante o intervalo. Voltamos e ganhamos o jogo por 5 a 0. Eu fiz três gols, e Pelé, dois.

Apesar das vitórias em todos os jogos, o Brasil ainda dependia, no jogo final, de um empate contra o Paraguai, pois, na época, se classificava para a Copa apenas uma seleção de cada grupo, e o Paraguai também tinha vencido seus jogos, com exceção da derrota para o Brasil, por 3 a 0, no Paraguai. Vencemos no Maracanã, por 1 a 0, no jogo de maior público pagante comprovado da história: 183 341 pessoas. A seleção paraguaia fez uma grande retranca, e o gol só saiu no final. Edu chutou de fora da área e o goleiro não segurou a bola; Pelé e eu entramos livres, um ao lado do outro. Nós dois tínhamos condições de fazer o gol. Deixei para o Rei. Era mais seguro.*

No Rio de Janeiro, a Seleção se concentrava no belo Hotel das Paineiras, próximo ao Cristo Redentor. Muitas vezes, o treinamento físico era subir e descer o morro. No caminho, encontrávamos muitos turistas de carro. Os treinos técnicos e coletivos eram no campo do Flamengo, na Gávea, ou no Maracanã. Quando havia uma folga, eu pegava o bondinho de Santa Teresa, que parava atrás do hotel, e ia para a cidade. Anos depois, passamos a nos concentrar em uma casa em São Conrado.

João Saldanha era um treinador mais preocupado com os jogadores, com o que seria melhor para cada um atuar bem, do que com o sistema tático em si. O Brasil repetiu o esquema da Copa de 1966, o 4-2-4, com a diferença de que Pelé e eu nos revezávamos. Quando um voltava, o outro ficava mais à frente. Edu e Jairzinho eram os pontas. Rivellino era reserva de Gérson, e Clodoaldo, reserva de Piazza. Outro excepcional reserva era Dirceu Lopes. O azar de Dirceu foi ter jogado na mesma época de Pelé,

---

* A vitória sobre o Paraguai garantiu o Brasil na Copa de 1970, no México. O time brasileiro, comandado por João Saldanha, base da equipe que disputaria o Mundial, atuou com Félix; Carlos Alberto Torres, Djalma Dias, Joel Camargo e Rildo; Wilson Piazza, Gérson, Pelé e Jairzinho; Tostão e Edu. Com o resultado, o Brasil chegou aos doze pontos e deixou para trás o Paraguai, com oito, a Colômbia, com três, e a Venezuela, com apenas um. Na época, as Eliminatórias eram divididas em vários grupos, e apenas o primeiro colocado de cada chave conquistava uma vaga para a Copa do Mundo. Até hoje, o recorde de público de 183 341 pagantes ainda não foi batido.

Gérson e Rivellino. Além disso, Dirceu jogava livre no Cruzeiro, sem nenhuma preocupação com a marcação e com o sistema tático. Eu e Piazza combinamos que era melhor assim, que ele seria muito mais importante para o time dessa maneira do que com obrigações táticas. Hoje, isso seria impossível. Na Seleção, nas vezes em que jogou, Dirceu não tinha essa liberdade, pois não se sentia tão à vontade como no Cruzeiro.

Toninho Guerreiro, grande centroavante do Santos, companheiro de Pelé, era meu reserva. Eu tinha grande admiração por ele. Certo dia, ao vê-lo no banco, tive uma sensação de grandeza: se ele, que era tão bom, estava na reserva, eu deveria ser o máximo. Toninho foi cortado por problemas médicos. Em seu lugar, foi convocado um jogador de meio-campo, Zé Carlos, do Cruzeiro. O time ficou sem reserva para o ataque. Saldanha queria que o meia Dirceu Lopes fosse esse jogador, meu substituto e de Pelé. A dispensa de Toninho gerou muitas dúvidas e críticas ao médico Lídio Toledo, por ter sido por causa de uma sinusite crônica, que, teoricamente, não seria motivo suficiente para ser dispensado. Toninho Guerreiro era o melhor centroavante do futebol brasileiro. A equipe mudou pouco até a Copa, com a entrada de Rivellino no lugar de Edu, porém mais recuado, e de Clodoaldo na vaga de Piazza, que foi para a zaga, na posição de Joel.

Depois das grandes atuações pelas Eliminatórias, a Seleção fez um amistoso contra o Atlético-MG, no Mineirão. Ninguém se concentrou para a partida, e muitos chegaram em cima da hora. O time encarou aquilo como um jogo festivo. Já o Atlético-MG deu tudo para ganhar da Seleção, e assim foi: ganhou com uma atuação excepcional de Dario.* Por causa desse jogo, o ditador Médi-

---

* O Atlético-MG, que usou a camisa da seleção mineira (embora nenhum jogador atuasse por outro clube), venceu por 2 a 1, no Mineirão, em 3 de setembro de 1969. O Brasil, do técnico João Saldanha, jogou com Félix; Carlos Alberto Torres,

ci, um pouco mais tarde, disse que gostaria de ver Dario na Seleção. Quando assumiu o comando do time, Zagallo chamou o atacante, pois queria um centroavante típico, e a partir daí criou-se a lenda, que não é verdade, de que Dario foi convocado por ordem do ditador.

Durante as Eliminatórias, foi feito um documentário para o cinema (*Tostão, a fera de ouro*, dirigido por Paulo Laender e Ricardo Gomes Leite) com muitas cenas do período e mais algumas entrevistas que já haviam sido realizadas no dia a dia. Na época, fiz também uma propaganda para uma lâmina de barbear. Eu aparecia no vestiário, me barbeando, com uma bela loira atrás de mim, que passava a mão em meu rosto. Quando vi na televisão, morri de vergonha. Senti-me um idiota.

Após as Eliminatórias, já existia um grande otimismo com a Seleção. Eu estava no auge de minha carreira. Tinha ganhado o troféu Golfinho de Ouro, a principal premiação nacional, entregue ao melhor esportista do ano.

No final de setembro, jogando pelo Cruzeiro contra o Corinthians no Pacaembu, à noite, com muita chuva, eu caí e, a um metro do chão, Ditão, zagueiro do Corinthians, em vez de puxar a bola e ficar com ela, soltou um petardo, com a bola muito pesada, toda encharcada de lama, atingindo meu olho esquerdo. Naquela época, a bola era muito mais pesada que as de hoje. Fiquei tonto, tentei continuar, mas tive que sair. Comecei a notar que havia algo diferente. Via alguns pontos pretos. À noite eu dormi,

---

Djalma Dias, Joel Camargo e Rildo (Everaldo); Piazza e Gérson (Rivellino); Jairzinho, Tostão (Zé Carlos), Pelé e Edu (Paulo César Caju). Já o Atlético-MG, do treinador Yustrich, atuou com Mussula; Humberto, Grapete, Normandes (Zé Oto) e Cincunegui (Vantuir); Amauri (Beto) e Oldair; Vaguinho, Dario, Lacy e Tião (Caldeira). Amauri e Dario marcaram para o Atlético-MG, enquanto Pelé descontou para o Brasil.

e no outro dia, pela manhã, estava pior. Chegamos ao aeroporto em Belo Horizonte e fui direto para o consultório médico para ser examinado pelo oftalmologista, dr. Geraldo Queiroga. Diagnóstico: descolamento da retina, com necessidade urgente de cirurgia. Por indicação dele, viajei dias depois para Houston, nos Estados Unidos, onde trabalhava um médico mineiro, dr. Roberto Abdalla Moura. No aeroporto do Rio de Janeiro, encontrei-me com João Saldanha e com dezenas de fotógrafos e repórteres. Saldanha, do seu jeito, disse aos jornalistas: "Espero Tostão até no vestiário, antes do jogo da estreia". Fui o primeiro jogador a ser convocado para a Copa de 1970 — como aconteceria com o goleiro Júlio César em 2014.

Parecia que eu era indispensável à Seleção. Até hoje, não sei se Saldanha gostava mais de meu futebol ou de meu comportamento, principalmente após uma entrevista que dei ao *Pasquim*, um dos poucos jornais que mantinham uma resistência bem-humorada à ditadura, quando reclamei da falta de liberdade no país e disse que tinha uma enorme admiração por dom Helder Câmara, arcebispo de Olinda, perseguido pelo regime. João Saldanha me cumprimentou pela entrevista. De vez em quando, antes de dormir, conversávamos sobre outros assuntos, além do futebol.

Saldanha gostava de conversar sobre os assuntos mais variados. Como Gérson só dormia pela madrugada, foi feita, entre os jogadores e Saldanha, uma escala informal, para ter sempre alguém na companhia de Gérson, que adorava um papo. Eram sempre três: Gérson, Saldanha e mais um jogador. Gérson gostava de conversar sobre detalhes técnicos e táticos da equipe.

Depois das Eliminatórias, recebi um telefonema de alguém que dizia ser meu admirador, me aconselhando a ter cuidado nas entrevistas, por causa da ditadura. Até hoje, não sei se foi realmente um conselho de um admirador ou um aviso de alguém do regime. O Brasil vivia uma intranquilidade, uma paranoia coletiva. O personagem Ubaldo, o Paranoico, criado por Henfil, era um sucesso. Ele via um delator em todos os lugares. Fui operado do olho, com sucesso. Recebi milhares de cartas de apoio de torcedores. Quando saí do hospital, hospedei-me no apartamento do dr. Roberto. Ficamos também amigos. Fui entrevistado para o primeiro programa do *Fantástico*, da Rede Globo. Em Houston, durante o dia, ficava sozinho no apartamento. Havia um grande silêncio nas ruas. Todo mundo tinha carro. Ninguém caminhava. Achava estranho. Antes de voltar ao Brasil, fui com o dr. Roberto a um jogo de beisebol, no estádio Astrodome, considerado pelos texanos a oitava maravilha do mundo. Em 1969, aquele era o primeiro estádio fechado do mundo, com ar-condicionado, usado para vários esportes. O tamanho do campo e das arquibancadas mudava eletronicamente. Dentro do estádio, havia lojas e restaurantes. Fiquei deslumbrado. Mesmo hoje é difícil encontrar um estádio tão moderno.

No Brasil, começavam as especulações, opiniões de leigos e de especialistas, sobre minhas condições de voltar a jogar e de estar na Copa do México. Dr. Roberto me mostrou exemplos de jogadores americanos de basquete que tinham tido o mesmo problema e que voltaram a atuar. Ele me orientou a ficar seis meses sem nenhuma atividade física, o que coincidiria com o início dos treinamentos da Seleção (em abril) para a Copa (em junho). Eu teria ainda de ficar uns 45 dias com treinamentos especiais, até ter condições de jogar. Se o técnico não fosse Saldanha, eu provavelmente nem seria convocado.

No período de recuperação, fiquei uns trinta dias em Araxá, tradicional cidade mineira, no conhecido Grande Hotel. Vi, pela televisão, Pelé fazer o milésimo gol. No início de janeiro, o Brasil já sabia quais seriam os adversários na primeira fase do Mundial (Tchecoslováquia, Inglaterra e Romênia). Antes da apresentação da Seleção para a Copa, houve um amistoso entre Romênia e Atlético-MG em Belo Horizonte. Saldanha me convidou para assistir ao jogo com ele. Logo que a partida terminou, a imprensa correu para perguntar a Saldanha se ele tinha gostado da Romênia. Diplomaticamente, o que não era seu jeito, respondeu que o time era bom e que seria um adversário difícil na Copa. Quando os repórteres saíram, Saldanha me disse: "Desses aí não dá para perder".

Além dos trinta dias que passei em Araxá, aproveitei os outros cinco meses de recuperação para ficar em casa, pois não podia fazer nenhum exercício. Pensava muito sobre meu futuro. Tinha 22 anos e era muito jovem para encerrar a carreira. Tinha confiança que continuaria jogando.

Voltei a Houston para fazer a avaliação decisiva e fui liberado para iniciar os treinamentos. Carlos Alberto Parreira, que era auxiliar de preparação física, foi meu *personal trainer* durante aqueles 45 dias. A moda, no Brasil e no mundo, era o teste de cooper, usado no esporte profissional e amador, para medir quantos metros uma pessoa corria em doze minutos. Logo que passei a treinar com os outros, fiz o teste e só fiquei à frente dos goleiros. A imprensa correu para Saldanha, preocupada com minhas condições físicas. Saldanha disse: "Tostão foi o último, mas já está escalado".

Certamente, não foram alguns resultados ruins, em jogos--treinos, que decretaram a saída de Saldanha do cargo de técnico da seleção brasileira. Em seu artigo "Por que eu saí", publicado no jornal *O Globo* em 24 de março de 1970, João Saldanha falava que o difícil era entender por que ele tinha entrado. No texto, ele dizia estar inquieto e incomodado com a influência, já naquela época, de agentes e de empresas de material esportivo para marcar jogos da Seleção, prática muito habitual hoje em dia. João Havelange, então presidente da antiga CBD, tornou-se presidente da Fifa em

1974, quando começou a se aprofundar essa relação promíscua recentemente, escancarada e investigada pelas autoridades norte--americanas.

Em fevereiro do ano da Copa, quando todos se apresentaram para os treinamentos, havia algo diferente no ar. Saldanha estava mais irrequieto, e a comissão técnica parecia estranha. Saldanha assustou o Brasil quando disse, exagerando, que Pelé, por causa de uma leve miopia, não enxergava tão bem e que, por isso, não era mais o mesmo jogador. Parecia que Saldanha queria sair. No retorno de um dia de folga, ele foi direto para o quarto. Disseram que estava alterado. Contaram ainda que havia tido uma reunião em Brasília, entre os dirigentes da CBD e o ditador Médici, e que teria sido decidida a saída de Saldanha. O episódio nunca foi confirmado. Era iminente sua demissão. Não foi surpresa. Todos os jogadores, eu particularmente, ficamos chateados, mas, como dizia o próprio Saldanha, "vida que segue".

Com frequência, escuto inúmeras histórias, algumas deturpadas, sobre os motivos da saída de Saldanha, sobre a relação da nefasta ditadura com a Seleção de 1970, sobre personagens da história de nosso futebol e sobre dezenas de análises equivocadas de fatos que aconteceram em outras épocas. As versões costumam ser muito mais interessantes do que os fatos em si.

Até hoje falam que Afonsinho, ex-armador do Botafogo, médico, a quem admirava e ainda admiro, não foi convocado para a Copa de 1970 por causa de suas atitudes políticas e sua luta contra o passe do atleta vinculado ao clube, mesmo após o término do contrato. Afonsinho era um ótimo jogador, mas atletas muito superiores a ele também ficaram de fora da Copa, como Zé Carlos, Dirceu Lopes e Ademir da Guia. Tampouco Dario foi convocado por Zagallo por exigência do ditador Médici, como ainda dizem. Zagallo achava que o Brasil não tinha centroavantes e por isso chamou Dario e Roberto.

Alguns extremistas criticam os jogadores por não terem se rebelado contra a ditadura, como se fôssemos ativistas políticos e tivéssemos que abandonar a Seleção. Éramos todos jovens, sonhadores, ambiciosos, compromissados com nossa carreira e loucos para ser campeões do mundo. Nada mais humano. Eu não tinha também o conhecimento da importância daquele momento na história do Brasil nem a consciência de cidadão que possuo hoje. Muitas pessoas que odiavam a ditadura diziam que não veriam os jogos e que torceriam contra o Brasil, para o regime não se aproveitar da vitória. Quando a bola rolou, ficaram todos encantados e foram os que mais torceram. O fato de ser a primeira Copa transmitida ao vivo pela TV aumentou ainda mais a emoção e a idolatria ao time brasileiro. Após o título, até os corruptos, que roubavam dinheiro público, ficaram emocionados e saíram às ruas, enrolados na bandeira brasileira.

# 4. Zagallo, o estrategista

Saiu o humanista João Saldanha e entrou o estrategista Mário Jorge Lobo Zagallo, técnico do Botafogo na época e bicampeão mundial como jogador, em 1958 e 1962. Ele logo disse à imprensa que eu seria reserva de Pelé, que a Seleção não tinha centroavante e que, em contrapartida, tinha excesso de armadores. Por isso, convocou os centroavantes Dario e Roberto e cortou os armadores Dirceu Lopes e Zé Carlos, dois craques do Cruzeiro. Zagallo falou ainda que a Seleção tinha ido muito bem nas Eliminatórias, mas que, para ganhar a Copa do Mundo, não poderia jogar com apenas dois no meio-campo, por isso o time teria três nesse setor. Sua ideia inicial era colocar Paulo César Caju como terceiro armador, pela esquerda, e Pelé ficaria entre os quatro jogadores do Botafogo (Jairzinho, Roberto, Gérson e Paulo Cesar Caju). Com o tempo, Rivellino tomou o lugar de Paulo César, e eu, o de Roberto. Rivellino e Gérson se completavam. Gérson era organizador, pensador, o que comandava o jogo, além de ser espetacular nos passes. Rivellino era explosivo, driblador e ótimo finalizador.

51

Apesar de não concordar que o time não teria chance de vencer a Copa da forma como atuou nas Eliminatórias, impressionaram-me os conhecimentos técnicos e táticos de Zagallo. Os treinadores da época, como o próprio Saldanha, não tinham essa preocupação. Zagallo comandava muitos treinos táticos, o que eu nunca tinha visto. A Seleção foi programada para jogar no estilo do Botafogo. Quando perdia a bola, todos recuavam, para fechar os espaços, como fazem hoje as grandes equipes do futebol mundial. Quando o time recuperava a bola, saía no contra-ataque, trocando passes ou com lançamentos longos, geralmente de Gérson para Jairzinho e Pelé. A maioria dos gols da Seleção na Copa saiu em contra-ataques.

Zagallo usava um jogo de botões para dar instruções e movimentava as peças com a mão. Na época, era uma grande inovação. Hoje, isso é feito pelos técnicos no computador. Antes, dava a impressão de que era mais real.

Só tive condições de treinar normalmente e de jogar depois que Zagallo assumiu o comando. Quando ele disse que eu seria reserva, achei bom, pois demoraria a entrar em forma. Mas eu tinha a percepção de que os centroavantes Roberto e Dario não dariam certo na Seleção. Para atuar ao lado de jogadores tão excepcionais, como Gérson, Rivellino, Jairzinho e principalmente Pelé, que atuava mais próximo do centroavante, seria necessário, na frente, um jogador mais técnico, de troca de passes, e não apenas um finalizador. Aos poucos, Zagallo percebeu isso.

Na véspera da viagem para o México, houve um jogo de despedida, no Maracanã, contra a Áustria. Fui escalado, pois já havia um grande número de torcedores e jornalistas que pediam minha presença. Ganhamos de 1 a 0. Tive uma atuação razoável, ainda não estava em forma, mas a Seleção, apesar de ter feito apenas um gol contra a retranca austríaca, mostrou um bom entendimento do meio para a frente. Viajamos, e continuava a dúvida sobre quem seria o centroavante. Rivellino já estava escalado e, no México, Piazza foi deslocado para a zaga. Zagallo achou Joel um pouco indolente, desinteressado. Piazza, que já tinha um bom passe na posição de volante, fez isso ainda melhor como zagueiro. Isso facilitava muito para os armadores.

No México, eu continuava na reserva, mas na véspera de um amistoso em León,* Zagallo me chamou e disse que eu jogaria. Perguntou-me se daria para atuar mais à frente, sem voltar tanto para receber a bola, como fazia no Cruzeiro e tinha feito nas Eliminatórias. Disse a ele que não haveria problema, que jogaria como Evaldo, centroavante do Cruzeiro, que facilitava muito para mim e para Dirceu Lopes, que chegávamos de trás. Não fui um centroavante nem um armador. Fui um centroavante armador. O amistoso foi o primeiro sinal de que começava a surgir um time espetacular. Quando acabou o jogo, saímos juntos, satisfeitos, como se tivéssemos entendido que aquele era o time. Zagallo nos recebeu com um sorriso. Eu estava escalado.

Outra lenda do futebol é a de que o time de 1970 foi escalado por alguns jogadores. Falam o mesmo da Copa de 1958. Como Gérson adorava conversar sobre detalhes técnicos e táticos, e Zagallo, desde o Botafogo, confiava em sua liderança, é possível que Gérson tenha influenciado Zagallo em minha escalação.

Mais uma lenda é a de que a Seleção de 1970 tinha vários camisas 10, que jogavam na mesma posição. Na Copa, eu atuei como centroavante; Gérson, como meia-armador; Pelé, de ponta

* No dia 17 de maio de 1970, a seleção brasileira venceu o Deportivo León, do México, por 5 a 2, com gols de Pelé (dois), Rivellino, Tostão e Paulo César Caju. Luis Estrada e Marco Antônio (contra) anotaram para o time da casa. O Brasil atuou com Félix; Carlos Alberto Torres (Zé Maria), Brito, Piazza e Marco Antônio; Clodoaldo (Paulo César Caju), Gérson e Rivellino; Jairzinho, Pelé (Dario) e Tostão.

de lança; Rivellino, como armador pela esquerda; e Jairzinho, como atacante pela direita, entrando em diagonal pelo centro. Eu e Gérson jogávamos com a camisa 8 em nossos clubes. Jairzinho era o camisa 7 no Botafogo. Os únicos, do meio para a frente, que trocaram de função na Seleção fomos eu, que passei de ponta de lança para centroavante, e Rivellino, que era meia-armador no Corinthians e se tornou um armador, um ponta recuado.

Assim como tínhamos feito nas Eliminatórias antes de jogar com a Colômbia, onde nos hospedamos em um hotel para nos adaptar à altitude, dessa vez ficamos três semanas em Guanajuato, bela e histórica cidade mexicana — apesar de que, durante a Copa, o time só jogaria uma vez em um lugar alto, na Cidade do México, em uma eventual final. Toda essa programação e o grande trabalho científico feito para as Eliminatórias e para a Copa foram elaborados por um grupo de especialistas comandado pelo professor Lamartine Pereira da Costa, oficial da Marinha brasileira, que já tinha tido a experiência de fazer o planejamento da seleção de vôlei, na Olimpíada de 1968, também no México. Foi um estudo inovador, importante para o sucesso da Seleção na Copa de 1970. Lamartine e outros profissionais, como o capitão Cláudio Coutinho, mesmo sendo militares, foram convidados pelo comunista João Saldanha, que levou em conta apenas o conhecimento profissional. A ausência de amigos na comissão técnica pode ter feito falta a Saldanha em seu período no comando da Seleção, como escreveu Raul Milliet Filho em sua tese de doutorado pela Universidade de São Paulo, em 2009.*

Zagallo e Parreira, ao longo de suas vitoriosas carreiras, nunca reconheceram a importância de Saldanha nem demonstraram

---

* Raul Milliet Filho, *Cenários e personagens de uma arte popular: futebol brasileiro, hegemonia, narradores e sociedade civil.* São Paulo: FFLCH-USP, 2009. Tese (Doutorado em História Social).

qualquer manifestação de apreço a ele. Em entrevista à revista da Pontifícia Universidade Católica do Rio Grande do Sul,* o professor Lamartine Pereira da Costa falou que Zagallo quis acabar com a programação de 21 dias em Guanajuato, no México, mas voltou atrás por causa das críticas de João Saldanha, já como comentarista. Na verdade, 21 dias de adaptação é o tempo ideal para que se aumente a produção de hemoglobina e, com isso, haja mais oxigênio nos tecidos e nas células do corpo, pois é a hemoglobina que conduz o oxigênio. Em Guanajuato, aconteceu o inesperado. Amanheci com o olho esquerdo, que tinha sido operado, todo vermelho. Não aparecia a parte branca. A impressão era de uma hemorragia. Não sentia nada e enxergava normalmente. Todos ficaram muito preocupados e imediatamente chamaram o dr. Roberto Abdalla Moura, que tinha me operado em Houston, nos Estados Unidos. Ele chegou ao hotel no outro dia, após uma longa viagem, pois teve que ir de avião até a Cidade do México e depois de táxi até Guanajuato, por várias horas, em um carro velho, que enguiçou no caminho. Ele me examinou e disse que a retina estava perfeita e que o problema era apenas externo, na conjuntiva. Aos poucos, a vermelhidão desapareceria e eu poderia treinar e jogar normalmente.

Dr. Roberto foi incisivo, e a comissão técnica acreditou. Mesmo assim, por delicadeza, segurança e para dividir as responsabilidades, a comissão técnica convidou o dr. Roberto para assistir a todos os jogos da Seleção da Copa. Ele costumava chegar na véspera, e então me examinava com seu aparelho portátil de ver o fundo do olho e conversava comigo. Havia um quarto à disposi-

---

* "Atividade física no país é um fenômeno: entrevista com Lamartine Pereira da Costa", PUCRS Informação, Porto Alegre, ano 29, nº 129, maio-jun. 2006, pp. 24-5.

ção na concentração, e depois das partidas ele voltava aos Estados Unidos. Essa experiência é contada por ele neste livro, mais à frente, em um capítulo à parte, de uma maneira deliciosa e com fatos que nunca foram relatados pela imprensa.

No outro dia, por um ato mais de insegurança e de fraqueza do que de altruísmo — e que eu não deveria ter feito —, procurei a comissão técnica, que ainda continuava preocupada com meu problema. Disse a eles que estava pronto para jogar e que tinha total confiança no diagnóstico médico, mas que, se ainda tivessem dúvida, compreenderia minha dispensa, pois não haviam sido definidos os 22 jogadores inscritos para o Mundial. Todos disseram que eu estava escalado. Corri aí o terceiro risco de não jogar a Copa — o primeiro foi na convocação de Saldanha, pois havia uma grande incerteza se eu teria condições de atuar, e o segundo foi quando Zagallo entrou, já que ele achava que eu deveria ser reserva, o que poderia ter sido outro motivo para me dispensar.

Umas duas semanas antes da estreia, chegamos a Guadalajara. Fomos recebidos com festa pelos mexicanos, que adotaram o Brasil como sua segunda seleção, que depois se tornou a primeira, quando o México foi eliminado nas quartas de final pela Itália. Ficamos hospedados em um hotel fora do centro da cidade, simples e confortável, que parecia mais um motel de encontros. Havia uma entrada, um salão para refeições e reuniões, uma piscina no meio e os apartamentos em volta, com dois andares. Eu e Piazza ficamos no mesmo quarto, como no Cruzeiro.

Durante mais ou menos os dois meses em que ficamos no México, tínhamos, uma vez por semana, algumas horas de folga, que geralmente começavam depois do almoço e terminavam às onze horas da noite, para ninguém perder noites de sono. Cada um fazia o que queria. Os interesses eram variados. Houve até festinhas programadas pelos dirigentes nos dias de folga, com a presença de muitas mexicanas. Meus pais, que foram assistir à

Copa em uma excursão de turismo, me visitavam nas folgas. Meu pai aproveitava para me dar instruções. Com frequência, criticava meus chutinhos a gol.

Não sei bem como começou, mas nas vésperas das partidas, depois do jantar, alguns jogadores se reuniam, mais ou menos uns sete ou oito, que se revezavam. Ninguém era obrigado a participar. A cada noite, um deles fazia uma introdução sobre um determinado tema e dizia o que quisesse, não apenas sobre futebol. Na concentração, não havia conversas sobre a ditadura e sobre o que acontecia no Brasil. Além do foco total na Copa, os jogadores não tinham conhecimento ou informações, nem se interessavam sobre o que acontecia no país. Não houve nenhuma ordem expressa para não se falar do assunto, mas se houvesse conversas sobre a ditadura, provavelmente haveria repressão. Eu sentia falta do zagueiro Marinho, companheiro na excursão em 1968 e que depois jogou na Espanha e se tornou treinador na Europa. Conversávamos muito sobre isso e outros temas. Eu me informava sobre o que acontecia no país com meus três irmãos, politizados, bem informados e que odiavam a ditadura. Na época, eram poucas as notícias sobre as atrocidades cometidas pelo regime, mas anos depois elas seriam progressivamente conhecidas.

Nas duas últimas semanas, diariamente, fizemos muitos treinos táticos. Zagallo era obsessivo com detalhes. Exigia que uma linha de três armadores, formada por Clodoaldo, Gérson e Rivellino, estivesse sempre na proteção dos quatro defensores. A cada treino, Pelé e eu nos entendíamos melhor. Antes de a bola chegar, ele já me olhava, como se dissesse o que iria fazer. E fazia. Era difícil acompanhá-lo. A comunicação analógica, sem palavras, é menos exata porém mais rica que a digital.

Mas havia algo que poderia ter se tornado um problema. Isso ficou mais claro para mim recentemente, quando, com o olhar de analista, vi os teipes dos jogos e percebi o detalhe. Em quase todas as grandes equipes que jogam com uma linha de três no meio-campo, o volante mais marcador atua pelo centro. Na Seleção, era diferente. A linha era formada por Clodoaldo, um pouco mais pela direita, Gérson, pelo centro, e Rivellino, pela esquerda, formando uma diagonal. Como Clodoaldo era o mais recuado, sobraria muito espaço à sua frente, pela direita. Mas isso não foi um problema na Seleção, porque Jairzinho, o Furacão da Copa de 1970, conseguia voltar para marcar, formando às vezes uma linha de quatro no meio-campo, e ainda chegar à frente para fazer os gols. Marcou em todos os jogos.

Na semana anterior à estreia, Marco Antônio sentiu dores na perna, que desapareciam e voltavam. Na época, não havia os recursos tecnológicos de hoje. Existia uma conversa atravessada, entre os jornalistas e mesmo dentro da Seleção, que Marco Antônio estava tenso por causa da estreia. Zagallo se antecipou ao médico, dr. Lídio Toledo, e colocou Everaldo, que não saiu mais do time. Everaldo era mais marcador, e Marco Antônio, mais apoiador. O time, então, estava escalado em um 4-3-3 com Félix; Carlos Alberto, Brito, Piazza e Everaldo; Clodoaldo, Gérson e Rivellino; Jairzinho, Pelé e Tostão.

Eu sabia que teria dificuldades, que pegaria pouco na bola, em uma posição diferente, mais à frente, entre os zagueiros, de costas para o gol. No Cruzeiro, eu era um meia que chegava de trás para fazer gols. Tive também de fazer um esforço mental para não ter receio de jogadas mais duras, de boladas e cotoveladas, que pudessem atingir meu olho. Penso que consegui, apesar de, no segundo gol que fiz contra o Peru, quando bati com a lateral do rosto na trave, a primeira reação foi a de colocar a mão no olho.

As favoritas para ganhar o Mundial eram a Inglaterra, que tinha praticamente o mesmo time campeão do mundo de 1966, a Alemanha e a Itália. Não se conhecia muito bem a seleção brasileira, a não ser Pelé, evidentemente. Na época, a comunicação era bastante diferente da de hoje.

Havia um sentimento, entre todos os jogadores e a comissão técnica, de que tínhamos grandes chances de brilhar, mesmo se não fôssemos campeões do mundo, baseado na qualidade individual e no grande avanço coletivo, durante toda a preparação no México. Todos tinham consciência de que, para cada um brilhar, era necessário que o conjunto fosse muito bem. Isso que é união de grupo. Não são as entrevistas formais nem os rituais, às vezes ridículos, entre os jogadores.

Outra razão para o sucesso do time era a necessidade de superação, principalmente de alguns jogadores. Pelé, que já vinha sendo criticado nos últimos anos por não ser mais o mesmo jogador, se preparou muito para encerrar a carreira na Seleção e em Copas do Mundo de uma maneira que ninguém mais tivesse dúvida de que ele era o maior jogador de todos os tempos. Eu tive de vencer muitas dificuldades, por causa do olho operado e dos riscos que corri de não ir à Copa ou de não ser titular. Rivellino, que nunca tinha sido campeão pelo Corinthians, queria o título maior, para ninguém mais dizer que não era jogador de grandes decisões. Gérson era criticado por ser um grande jogador apenas em clubes. Jairzinho queria mostrar que era também um craque, e não apenas um jogador forte, finalizador e veloz, como muitos diziam.

Grandes times, como a Seleção de 1970, despertam a discussão se foram os ótimos conjuntos que deram condições para os craques brilharem intensamente ou se foram os craques que formaram excepcionais conjuntos. Não dá para separar a forma do conteúdo. Os dois são essenciais.

Foi uma grande seleção, considerada por muitos a melhor de toda a história, mas não era uma equipe perfeita. A perfeição não existe. Alguns jovens, influenciados pelos pais, falam da Seleção de 1970 com o mesmo fascínio de seus pais, como se tivessem visto as partidas ao vivo. Outros jovens, mais críticos, quando veem filmes daquela Seleção, acham que era muito lenta em relação ao futebol atual, o que é verdade, e que não era tão espetacular, o que discordo. Nelson Piquet falou, certa vez, que achava a Seleção de 1994 melhor que a de 1970.

Sugiro que sejam apagadas todas as imagens, para que fique a ilusão, o mito, de que a Seleção de 1970 foi perfeita.

# 5. Um time inesquecível

Na noite que antecedeu a estreia, não dormi bem, como aconteceu antes de todos os jogos da Seleção na Copa de 1970. O mesmo ocorria no Cruzeiro, em jogos mais importantes. Isso melhorava minha atuação. Ficava mais tenso. A ansiedade, desde que não ultrapasse certos limites, é benéfica, pois aumenta a liberação de substâncias químicas que melhoram a velocidade, a força muscular e a concentração. O jogador fica mais ativo, esperto. É o doping psicológico. Se a ansiedade for intensa, o cérebro deixa de dominar o corpo, e o jogador passa a errar lances bisonhos, fica mais agressivo e violento. Muitos times perdem partidas decisivas porque não conseguem lidar com as emoções.

Na véspera da estreia, uma empresa de material esportivo, que era a da chuteira que usávamos, ofereceu uma quantia para todos os jogadores, uma mixaria em relação ao que os atletas ganham hoje. Não havia nenhuma propaganda, a não ser a de usar a chuteira nos jogos. O grande problema foi que Pelé havia feito um contrato com uma concorrente. Mas a chuteira com a qual ele gostava de jogar era a mesma usada pelos outros jogadores. O

61

roupeiro da Seleção resolveu o problema: tirou a marca que identificava a chuteira que Pelé costumava usar e colocou a marca da empresa com a qual ele tinha feito o contrato. Todos ficaram satisfeitos. Pelé jogou com a chuteira que queria, confirmou que era o melhor de todos os tempos, o Brasil foi campeão e as duas empresas ficaram felizes com o lucro.

A estreia, em 3 de junho, foi contra a antiga Tchecoslováquia. Recentemente, recebi pelo correio, de um admirador que não conhecia, os ingressos de todos os jogos do Brasil na Copa de 1970. Ele esteve lá e me deu de presente. Fiz um quadro com os seis bilhetes, que está na parede de meu escritório, atrás do computador.

Ganhamos por 4 a 1, de virada. A equipe não teve uma atuação espetacular, mas já mostrou a força individual e coletiva. O passe longo de Gérson, a subida de Pelé para dominar a bola no peito e, com o corpo na posição correta, equilibrado, finalizar com precisão para fazer um dos gols, isso só poderia acontecer em um time que tivesse dois fenômenos do futebol. O chute fortíssimo de Rivellino, em um dos gols, na cobrança de falta, quase me acerta, pois eu estava do lado da barreira. Se me atingisse, poderia parar no hospital.

Nesse jogo, Pelé quase fez um gol do meio-campo, encobrindo o goleiro. Eu estava à sua frente, virei e corri para o gol, pois a bola poderia bater na trave e voltar. Ela passou perto. Depois disso, muitos jogadores, craques e pernas de pau, fizeram os gols que Pelé não fez. Todo gol do meio-campo passou a ser "o gol que Pelé não fez".

José Miguel Wisnik, em seu belo livro *Veneno remédio: o futebol e o Brasil*, escreveu que

Pelé parece funcionar numa frequência diferente da dos demais jogadores, como se ele tivesse mais tempo para pensar e ver o que

Capa do jornal *A Gazeta Esportiva* após a conquista da Taça Brasil de 1966 pela equipe do Cruzeiro.

Tostão em 1966, jogando pelo Cruzeiro. A passagem pelo time mineiro o tornaria conhecido em todo o país.

Copa do Mundo Inglaterra, na concentração com Pelé e Alcindo. Os anfitriões venceram o torneio e o Brasil foi eliminado na primeira fase.

Tostão convocado pela CBD, quando embarcava ao Rio para se apresentar na seleção de 1966.

Em treino do Cruzeiro, time que o consagrou como um dos maiores jogadores de todos os tempos.

Nas eliminatórias da Copa de 1970, Tostão é levantado por Pelé após marcar o gol contra a Colômbia.

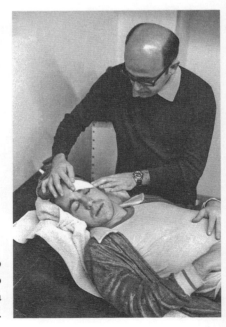

Tostão sendo atendido pelo dr. Lídio Toledo depois da partida contra a seleção colombiana.

Chegando dos Estados Unidos após a operação. Dúvida para a Copa do México: o jogador iria brilhar na competição?

Primeiro treino após sua volta dos Estados Unidos. O país inteiro acompanhava sua recuperação.

Tostão marca contra o Peru nas quartas de final. O jogador foi peça-chave na conquista do título.

A lendária seleção de 1970, que consagrou o futebol brasileiro ao redor do mundo.

Após a conquista do tricampeonato mundial, dividindo uma bola com Rivelino em partida entre Corinthians e Cruzeiro.

Tostão, vestindo a camisa do Vasco, saúda a torcida antes do jogo contra o Flamengo, no estádio do Maracanã. Foi o último time em que jogou antes da aposentadoria precoce.

Tostão, então dr. Eduardo Gonçalves Andrade, professor de Medicina, com a turma de estagiários no Hospital São José.

No fim dos anos 1990, Tostão voltou ao esporte como articulista e comentarista.

se passa, assistindo na cabeça e em câmera lenta ao mesmo jogo do qual está participando em altíssima velocidade — enquanto outros, em torno dele, parecem estar, tantas vezes, assistindo ao jogo em altíssima velocidade e jogando em câmera lenta.*

A grande escritora Clarice Lispector era obcecada em saber o que vinha antes do pensamento. Isso acontece no futebol. Um craque como Pelé antevê o lance e o executa antes de pensar, racionalizar. Ele sabe, mas não sabe que sabe.

O segundo jogo, em 7 de junho, foi contra os campeões do mundo. Muitos analistas falam que foi o jogo mais bem jogado da história, pela qualidade individual e coletiva e pelo equilíbrio técnico. Acho um exagero, pois não houve tantos lances espetaculares. O Brasil teve enormes dificuldades para chegar ao gol, devido à marcação dos ingleses. Gérson, contundido, não atuou e fez falta. Rivellino foi deslocado e ocupou o lugar de Gérson, e Paulo César foi escalado e entrou na posição de Rivellino.

No meio do segundo tempo, percebi que Roberto, que era meu reserva, se aquecia para entrar. Só podia ser em meu lugar. Aí, surgiu uma bola, e eu, influenciado pelo fato de que sairia, tentei a última jogada. Primeiro, chutei de fora da área. A bola bateu no zagueiro e voltou. Recuperei a bola. Com o cotovelo, evitei que o defensor tomasse a minha frente, o que hoje provavelmente seria interpretado como falta, uma cotovelada. Joguei a bola por baixo das pernas de Bobby Moore, considerado um dos maiores zagueiros da história. Avancei pela meia esquerda, fui bloqueado e perdi a chance de seguir em direção ao gol. Dei uma volta e, com a perna direita, joguei a bola para o outro lado, sem ver. Ela caiu nos pés de Pelé, que dominou, sem deixá-la escapar

---

* José Miguel Wisnik, *Veneno remédio: o futebol e o Brasil*. São Paulo: Companhia das Letras, 2008, p. 291.

um centímetro sequer, e tocou para Jairzinho, que estufou as redes, marcando o gol da vitória. Esse é um gol muito repetido na televisão, e todos me perguntam se vi Pelé. Não vi, mas, sem pensar, intuitivamente, induzi que deveria haver alguém livre do outro lado. Eu fazia muito essa jogada no Cruzeiro.

Como Roberto já havia assinado a súmula, ele entrou em meu lugar, antes de a Inglaterra dar a saída da bola. Se não tivesse saído o gol, Roberto poderia ter entrado e feito o gol da vitória, e eu correria o risco de ir para a reserva no próximo jogo. Foi uma reação, um ato de superação. Se Roberto entrasse e fizesse um gol, o vaidoso Zagallo provavelmente diria que, como já havia dito antes, logo que assumiu o comando, era melhor ter um típico centroavante. Depois do jogo, na concentração, pelas conversas e pelos olhares de todos, percebi que dificilmente sairia do time, a não ser que jogasse muito mal.

No terceiro jogo, contra a Romênia, em 10 de junho, não tivemos grandes dificuldades para vencer por 3 a 2. Gérson e Rivellino foram poupados e não atuaram, pois o time já estava classificado e bastaria um empate para o Brasil ser o primeiro colocado do grupo.

Nas três primeiras partidas, tive boas atuações, porém muito abaixo do que poderia jogar e do que fazia no Cruzeiro. Nas quartas de final, contra o Peru, em 14 de junho, atuei bem melhor, e não só pelos dois gols que fiz. Foi uma belíssima partida e vencemos por 4 a 2. Aquele era o melhor time do Peru de toda a história, com jogadores de alto nível, como Chumpitaz, Mifflin, Cubillas e Gallardo. A seleção peruana, para ir ao Mundial, eliminou a Argentina. O técnico era Didi, um dos maiores jogadores da história do futebol mundial, bicampeão do mundo pelo Brasil nas Copas de 1958 e 1962. O estilo da equipe era o mesmo do Brasil, de muita habilidade e troca de passes. Nesse jogo contra o Peru, só não fiz mais um gol porque Jairzinho, além de brilhante, era fominha. Ele driblou o goleiro e ficou quase sem ângulo. Eu estava livre, do lado dele, dentro da área, esperando a bola para tocar para as redes, sem nenhuma dificuldade, pois nem os zagueiros estavam por perto. Mas ele fez o mais difícil. Se não tivesse feito o gol, eu, que tinha o costume de apenas conversar em campo, iria xingá-lo de todos os nomes.

Assim como havia sido contra a Inglaterra, o jogo contra a seleção uruguaia, em 17 de junho, na semifinal, foi um que o Brasil correu o risco de perder. O Uruguai tinha uma excepcional equipe, formada, em sua maioria, por jogadores do Peñarol e do Nacional, times que disputavam com o Santos a supremacia mundial. No primeiro tempo, o Brasil jogou muito pouco, por causa da forte marcação, especialmente em Gérson. Os uruguaios colocaram um jogador para não deixá-lo receber a bola e organizar o jogo. O Uruguai fez 1 a 0. No fim do primeiro tempo, com a bola parada, nos reunimos no centro do gramado e Gérson disse a Clodoaldo para trocarem de posição. Minutos depois, recebi a bola pela esquerda e esperei, por uma fração de segundo, Clodoaldo chegar em velocidade, livre, por trás dos zagueiros, para receber meu passe e fazer o gol. No vestiário, na hora do intervalo, Zagallo deu uma grande bronca por causa da má atuação da equipe e apelou para o amor à camisa amarela. No segundo tempo, o Uruguai se cansou e nós vencemos por 3 a 1. No fim de todos os jogos, o time brasileiro crescia em campo, por causa do excepcional preparo físico. O zagueiro Brito foi eleito o jogador mais bem preparado da Copa.

O segundo gol foi, para a época, uma aula de modernidade e de jogo coletivo do Brasil. O Uruguai estava no ataque e todos os jogadores brasileiros marcavam no próprio campo. Jairzinho desarmou pela direita, próximo à grande área, e tocou para Pelé, que, sem me ver, passou a bola. Antes do meio-campo, dominei a bola, esperei um pouco e lancei para Jairzinho. Ele e o zagueiro, posicionado uns dois metros à frente, corriam virados para o gol, esperando o passe em profundidade. Se eu desse o passe mais longo, o zagueiro chegaria primeiro. Joguei a bola entre os dois. A bola chegou à frente dos pés de Jairzinho e nas costas do marcador. Jairzinho dominou, e quando o zagueiro virou para tentar desarmá-lo, o Furacão já estava bem à frente para fazer o gol.

Dei, nesse jogo, os dois melhores passes da minha carreira, pela precisão, pela dificuldade e pela importância. E ainda dei um terceiro, para Pelé, por trás do zagueiro, que fez o mais belo "quase gol" da história. Pelé chegou quase junto ao goleiro e, quando todos esperavam que ele desse um toque na bola e fosse provavelmente derrubado pelo goleiro fora da área, na meia-lua, deu um drible de corpo, uma volta no goleiro, para pegar a bola do outro lado, pela direita, e, com o corpo todo virado, tentou jogá-la no canto esquerdo do gol. Se ele jogasse a bola no canto direito, um zagueiro que vinha correndo evitaria o gol. A bola passou colada à trave, para fora.

Quando o jogo estava 1 a 1, Pelé deu uma cotovelada no zagueiro do Uruguai, vista por todo mundo. Hoje, certamente seria expulso. Com um a menos, aumentariam muito as chances de o Uruguai vencer, e assim o Brasil seria eliminado, eu não estaria aqui contando essa história e o mundo não falaria tanto da seleção brasileira de 1970.

No Botafogo, Jairzinho era um ponta de lança, companheiro de ataque de Roberto. Nunca foi um típico ponta, como Garrincha. Na Seleção, a posição de ponta era apenas uma referência. Partia sempre em diagonal, para receber a bola nas costas dos zagueiros ou na intermediária, para tentar o drible, a tabela e a finalização. Foi muito mais do que um atacante veloz, de muita força física e artilheiro. Era um craque artilheiro, na Seleção, no Botafogo e, depois, no Cruzeiro. Jairzinho merece ser mais lembrado como um dos grandes da história do futebol brasileiro.

Chegamos à Cidade do México, para a final, dois dias antes da decisão, vindos de Guadalajara, onde havíamos treinado e jogado as cinco primeiras partidas. Não tenho nenhuma lembrança de como era o hotel em que ficamos hospedados. Na véspera do jogo, como ocorre hoje, treinamos e demos entrevistas. A grande diferença é que as entrevistas eram feitas no gramado, depois do treino, com os jogadores suados. Imagine Pelé cercado por toda a imprensa do mundo. Ele sorria e atendia a todos. Hoje, dezenas de anúncios comerciais ficam atrás dos jogadores. As entrevistas são mais burocráticas e formais.

Na véspera, no hotel, me encontrei com dr. Roberto Abdalla Moura. Houve uma reunião da comissão técnica com os jogadores. Parreira, que era auxiliar de preparação física e tinha se tornado também observador da Seleção, assistiu no estádio ao jogo da semifinal entre Itália e Alemanha. Ele mostrou, com dezenas de fotos colocadas em sequência, como se fosse um desenho animado, como a Itália jogava e, principalmente, marcava. Quatro defensores faziam marcação individual, e um jogador, chamado de líbero, ficava atrás dos quatro, na cobertura.

Combinamos que, quando Jairzinho entrasse pelo meio e fosse acompanhado por seu marcador, Facchetti, Carlos Alberto avançaria e ocuparia esse espaço. Foi o que ocorreu no quarto gol do Brasil. Antes de a bola chegar a ele, gritei desesperadamente a Pelé, apontando com o dedo o avanço de nosso lateral direito. Não precisava, pois Pelé jogava e enxergava muito mais que todos. Combinamos também que eu jogaria entre os quatro defensores e o líbero, para impedir que este saísse na cobertura. Foi mais ou menos o que aconteceu nos gols de Gérson e de Carlos Alberto. Foi também uma vitória tática.

Na noite anterior à decisão, pensei muito na partida. Percebi que, se o Brasil perdesse, eu seria muito criticado, uma vez que, preocupado com o líbero, teria poucas chances individuais no jogo. Ao mesmo tempo, acreditava que a estratégia a ser usada, mais que correta, era importante para a vitória, e se o Brasil vencesse, minha atuação também seria valorizada. Muito mais que uma postura altruísta de minha parte, por jogar fora de minha posição, sem reclamar, foi uma decisão técnica, tática. Tenho também consciência de que qualquer bom jogador poderia fazer a mesma função, a de atuar entre o líbero e os quatro defensores.

Gostaria de voltar ao dia 21 de junho de 1970, com a idade e a visão do futebol e do mundo que tenho hoje, para observar e entender melhor os detalhes do dia em que o Brasil foi campeão do mundo pela terceira vez.

Naquele dia, acordamos cedo para tomar café juntos. O jogo seria ao meio-dia, sob um calor imenso. Havia um grande silêncio no café. Todos ansiosos. De repente, Dario se levantou, olhou para Zagallo e disse que sonhara que tinha feito três gols e que garantia fazer o mesmo na partida. Todos deram gargalhadas. Houve uma grande descontração. Como ocorrera nos cinco jogos anteriores, Dario nem ficou no banco de reservas. Roberto era o centroavante reserva.

No ônibus, a caminho do estádio, havia sempre um grupo que gostava do samba e outro, no qual eu me incluía, que preferia o silêncio. No vestiário, muitos tinham seu ritual. Pelé esticava as canelas em um canto e fechava os olhos. Ninguém sabia se dormia, se sonhava ou se pensava no jogo. Era proibido importunar a fera.

Antes das partidas, são frequentes os rituais entre os atletas. Acham que isso dá segurança e a certeza de que, se tudo for repetido, aumentam as chances de vitória. É a onipotência do pensamento.

O jogo não teve surpresas. Pelo contrário. A Itália fez marcação individual, deixou um líbero na cobertura dos quatro defensores e se cansou no segundo tempo, como é frequente em times que usam essa estratégia. No intervalo, quando o placar estava 1 a 1, conversamos, e todos tinham a mesma opinião de que, no segundo tempo, apareceriam os espaços para vencermos o jogo, como aconteceu.* No vestiário, em um canto, Gérson não deixou de fumar seu cigarro.

Imediatamente após o apito final do árbitro, os torcedores mexicanos invadiram o gramado. Tiraram minha camisa, meu calção, meias e chuteiras. Fiquei apenas de sunga. Se não fosse a polícia mexicana, eu teria ficado nu, e a imagem seria repetida até hoje. Eu estaria perdido. Para sempre.

Após a partida, coloquei uma camisa limpa da Seleção para participar da entrega das medalhas no estádio. Recentemente, soube que essa camisa, a da cerimônia, está no Museu da Fifa. A do segundo tempo, que me foi tirada pelos mexicanos, não tenho nenhuma ideia de onde esteja. A que usei no primeiro tempo, dei de presente ao dr. Roberto Abdalla Moura.

No vestiário, dei minha medalha de campeão ao dr. Roberto. Demoramos a sair do estádio para o hotel. Descansamos um pouco e fomos a uma festa, programada pela Fifa. Antes da sobremesa, arrumei uma carona com um mexicano e saí de fininho, para o hotel, onde encontrei meus pais. Choramos os três, abraçados. Imagine a alegria de um pai e de uma mãe, presentes ao estádio, vendo o filho ser campeão do mundo!

À noite, não conseguia dormir. Tinha a consciência de ter sido um ótimo coadjuvante em uma equipe com tantos craques

---

* Em um dos mais espetaculares jogos da seleção brasileira, a Itália foi derrotada por 4 a 1, na decisão do título mundial de 1970. O confronto foi realizado em 21 de junho de 1970, no estádio Azteca, na Cidade do México. Pelé, Gérson, Jairzinho e Carlos Alberto Torres fizeram os gols brasileiros, enquanto Roberto Boninsegna descontou para os italianos. Com o título, o Brasil se tornara tricampeão mundial de futebol. O técnico Zagallo escalou a seguinte equipe: Félix; Carlos Alberto Torres, Brito, Piazza e Everaldo; Clodoaldo, Gérson e Rivellino; Jairzinho, Pelé e Tostão.

magistrais. Pensava em tudo. Sentia-me feliz, orgulhoso e aliviado pelo dever cumprido. Pensei que, várias vezes, corri o risco de não estar no Mundial, por causa dos problemas no olho, ou de perder a posição de titular.

Não gosto dos elogios que recebo de que na Copa joguei sem a bola. Peguei pouco na bola porque atuava entre os zagueiros, como um centroavante, um pivô. No Cruzeiro, saía para todos os lados, voltava à intermediária, para receber o passe. Fiz o mesmo nas Eliminatórias, meu melhor momento na seleção brasileira. Queria jogar com a bola, mas sabia da importância tática que tinha no Mundial de 1970.

Hoje, me chamariam de "falso 9", expressão que detesto, como se todo centroavante tivesse de ser alto, forte, estático, bom finalizador e fizesse a função de pivô. Os maiores centroavantes da história foram os que tinham habilidade, criatividade, apareciam em todas as partes do ataque, recuavam para receber a bola, davam muitos passes e faziam muitos gols.

Como protesto, pensei em não ir a Brasília, onde a Seleção seria recebida pelo ditador Médici. Refleti, racionalizei e achei que deveria ir, pelo compromisso com a Seleção e com os companheiros. Precisava separar a política do esporte. Além disso, de Brasília iríamos para Belo Horizonte, onde haveria uma grande festa. Não poderia chegar à minha cidade separado dos companheiros que atuavam em Minas Gerais — Piazza, Dario e Fontana.

Freud gostava de repetir uma frase de Shakespeare: "A consciência faz de todos nós covardes", no sentido de que o ser humano, com frequência, dividido entre os compromissos éticos e morais e seus verdadeiros desejos, que moram nas profundezas da alma e que nem sempre são compatíveis com seus deveres sociais, deixa de lutar pelo que pensa e por suas ambições.

Dormi abraçado ao travesseiro. Sonhei com minha casa, meu canto e com as pessoas que amava. A vida continuava.

# 6. Bebi champanhe na taça Jules Rimet

*Imagine um médico, cientista, mineiro, que foi para os Estados Unidos se especializar em oftalmologia, que gostava de futebol e que se tornou o médico de um dos atletas da Seleção de 1970. Imagine ainda ser convidado pela comissão técnica da Seleção para assistir, como fez, a todos os jogos no estádio e se hospedar na concentração com os jogadores. Ele viu o Brasil ser campeão no estádio Azteca, na Cidade do México, ao lado de membros da comissão técnica, que não podiam ficar no banco de reservas, e de seu grande ídolo de infância, Zizinho, o Mestre Ziza, um dos maiores jogadores da história do futebol brasileiro.*

*A seguir, dr. Roberto Abdalla Moura conta essa experiência, com suas palavras, de uma maneira deliciosa e com fatos interessantes que nunca tinham sido revelados até então.*

BEBI CHAMPANHE NA TAÇA JULES RIMET
México, Copa do Mundo, 1970
A melhor seleção das Copas
*por Roberto Abdalla Moura*

Estádio Azteca — palco de duas finais de Copa do Mundo, 1970 e 1986, a primeira entre Brasil e Itália, a segunda entre Argentina e Alemanha, perenes seleções disputando a primazia de serem campeãs do mundo.

Brasil x Itália — 1970.

Pelé abriu a contagem do jogo para o Brasil, com um bonito gol de cabeça.

Quando Boninsegna empatou para a Itália, Zizinho, que estava ao meu lado na arquibancada, perguntou: "Será que dá?".

Respondi-lhe, todo confiante: "Mestre Ziza, claro que dá. O Brasil tem o melhor ataque do mundo, melhor mesmo que o seu, de 1950. Ademais, tem vencido todos os jogos no segundo tempo, graças ao ótimo preparo físico, adaptação à altitude e exaustão das defesas adversárias".

Ali estava eu, oftalmologista brasileiro, radicado naquela época nos Estados Unidos e, como todo bom brasileiro, também técnico de futebol nas horas vagas.

No fim daquela tarde de 21 de junho de 1970, todos nós comemorávamos o tricampeonato brasileiro em Copas do Mundo, e aquelas imagens seriam as primeiras a serem transmitidas ao vivo, em cores, para todo o planeta, à exceção do Brasil, que não dispunha de tecnologia de decodificação de imagens e, portanto, as exibiria em preto e branco.

As imagens guardadas na memória dos brasileiros seriam como as imagens dos sonhos.

Ganhamos em definitivo a posse da taça Jules Rimet, com a figura alada da deusa da Vitória, a mitológica Niké.

Eu, único elemento estranho ao futebol, sentado no último banco do ônibus que nos levava de volta à concentração do Brasil, ainda emocionado (e muito) por tudo o que acontecera, sorvi o "líquido das estrelas", oferecido a mim por nosso excelente capitão Carlos Alberto Torres.

E bebemos, nós todos, o champanhe da vitória, naquela bela taça de puro ouro, em seu pedestal de mármore.

Não bastava ser aquela a coroação futebolística, o ápice de tudo para a Seleção, seus componentes e este médico mineiro, que fora apelidado de "pé-quente" e ouvira a "La golondrina", música predileta de minha mãe, ser tocada quando da soltura dos balões e pombos, que sobrevoaram o estádio, no momento da entrega da taça pelo presidente do México.

No vestiário, após a cerimônia da entrega da taça, esta sairia escondida em um saco de roupa suja, enquanto uma suposta taça seria escoltada pelos carabineiros mexicanos. É que temíamos que ela fosse novamente roubada, como acontecera na Inglaterra em 1966 — embora tenha sido recuperada uma semana depois, o que fez famoso o cachorro Pickles, quando este, passeando com seu dono em um parque em Londres, farejou um arbusto e localizou ali um embrulho de jornal, dentro do qual estava a Jules Rimet.

Ainda no vestiário, recebi, muito emocionado, agradecido e extremamente comovido, a medalha de ouro do jogador Tostão, meu paciente e amigo, e sua camisa do primeiro tempo do jogo final, a qual ele, mineiro precavido que é, preservara para esta oferta, já que seria despido de seu uniforme, ficando apenas de sunga, após o apito final do juiz e a invasão de campo pelos mexicanos, que simplesmente adoravam aquele time de futebol brasileiro.

Em minha mente, passavam imagens daquela campanha irretocável e de alguns fatos inusitados que aconteceram durante a Copa de 1970.

Entre elas, destaco três episódios.

O primeiro, em León, quando encontrei o técnico Zagallo após um treino da Seleção, na véspera da inscrição final dos jogadores, e ele me perguntou se Tostão estaria apto a disputar a Copa. Disse-lhe que, medicamente, sim, e perguntei-lhe da importância de Tostão no ataque do Brasil. E ele me respondeu: "Enquanto eu tiver um jogador como Tostão, nunca perderei um jogo para uma seleção que jogue com um líbero. Ele cai para cima dele e o desloca para o lado, para fora da área, abrindo espaço para a penetração e finalização de outros".

Profecia? Não. Entendido do assunto, e muito.

Na volta para a Cidade do México, num carro alugado em León, paramos à beira da estrada para "desaguar" uma cerveja brasileira que havíamos bebido no almoço, com os jogadores e a comissão técnica. O motorista, Pepe, me apontava os arbustos que serviam para a confecção de tequila, e eu lhe dizia que, meses e anos mais tarde, não entenderiam por que aquela particular tequila tinha um gostinho de cerveja brasileira.

O segundo episódio se refere a um fato extraordinário, que aconteceu na véspera do jogo mais difícil, contra a Inglaterra.

Cenário: Guadalajara. Horário da partida: meio-dia. Fazia um calor escaldante. O estádio era bom e estava pronto, mas tinha alguns pequenos defeitos. Um deles, o de não haver energia elétrica em um dos vestiários. Gérson, contundido, não jogaria e seria substituído (e bem) por Paulo César Caju.

Os defensores ingleses eram considerados os melhores da Copa, a começar pelo brilhante goleiro Banks. A defesa era enigmática como a Esfinge: "Decifra-me ou te devoro".

Na véspera do jogo, à noitinha, os jogadores já recolhidos para o descanso, alguém disse: "Amanhã temos que chegar bem cedo ao estádio, porque existe energia elétrica somente em um dos vestiários, no outro não. Nem poderemos ligar os ventiladores, e o jogo será ao meio-dia. Vamos ocupar o vestiário bem cedo. Tá bem?".

"Tá!"

Mas um outro perguntou: "E se os ingleses chegarem primeiro?". Nos entreolhamos, e alguém disse: "Vamos agora".

Assim, quatro mosqueteiros foram de madrugada ao estádio, acordando os seguranças, que, após as explicações necessárias, nos deixaram entrar e ocupar o vestiário ideal, com a bandeira do Brasil e tudo mais.

O resultado foi que, com o calor infernal que fazia na hora do jogo, em pleno verão mexicano, o time inglês não pôde descer para os vestiários no intervalo do primeiro para o segundo tempo. Brasil 1 x 0 Inglaterra.

Dizem que Copa do Mundo se ganha com pequenos pormenores, e nós, orgulhosos, nos sentíamos um pouco vitoriosos também, como nossos jogadores.

E que jogada pela esquerda, a do Tostão. Fiquei orgulhoso também por isso.

O terceiro episódio, que sobressaiu em minha memória, foi o de duas preleções: a da comissão técnica e uma minha, pessoal. A comissão técnica era constituída por Zagallo, Parreira, Cláudio Coutinho e Lídio Toledo. Graças a centenas de fotos de Parreira, nosso observador no jogo da semifinal entre Alemanha e Itália, pôde-se observar exatamente como a Itália se defendia e como atacava. Isso abriu caminho para o gol de Carlos Alberto, pela direita, já que Facchetti acompanhava Jairzinho, em implacável marcação homem a homem. Jairzinho, se deslocando como fora pedido, para o meio-campo, no meio da defesa, abriu um corredor pela direita do Brasil, a esquerda da Itália, por onde penetrou e apontou nosso capitão. Um golaço! E Tostão, de costas para o gol, apontando para Pelé, "passe, passe"... O resto é história de Copa do Mundo. Brasil 4 x 1 Itália.

Minha preleção foi dada a pedido dos jogadores e da direção da delegação. Também ocorreu na antevéspera do jogo final. E explico a razão.

Havia, entre os jogadores que quisessem assistir, uma corrente espiritual para dar força positiva na véspera ou na antevéspera dos jogos. Durante a Copa, houve vários oradores para esse encontro espiritual. Inclusive Pelé, se não me engano, foi um deles. Para a final, me pediram para fazê-lo, nesse encontro com os jogadores. Que responsabilidade enorme sobre meus ombros. Mas fiz o melhor que pude, citando inclusive o padre Antônio Vieira. O resto também é história. Disse-lhes, parafraseando Vieira, que o contrário da luz não é a escuridão, mas sim uma luz mais forte, pois, na escuridão, qualquer luz brilha, por menos intensa que seja. Ao lado de uma luz forte, as luzes menores não são detectadas, como que se apagam. E nossa luz, a da Seleção, seria mais brilhante. E ainda pedimos a Deus pela integridade física de todos os jogadores das duas seleções.

Recebi do capitão Carlos Alberto a primeira foto em preto e branco da Seleção tricampeã do mundo, devidamente autografada por todos os jogadores, momentos antes de partirmos para o jantar de confraternização, oferecido pelo presidente mexicano.

Agora, contemplo-a de tempos em tempos, relembro que Tostão, Eduardo Gonçalves Andrade, ex-jogador, médico e jornalista emérito, mas principalmente o amigo de ontem, hoje e sempre, participou, e muito bem, do terceiro campeonato mundial de futebol vencido pelo Brasil.

Vez por outra, nos encontramos para, como bons mineiros, jogar conversa fora.

# 7. Morte e renascimento

Além da tenebrosa e nefasta ditadura no Brasil e das conquistas das Copas de 1958, 1962 e 1970, os anos 1950 e 1960 foram a época do suicídio do presidente Getúlio Vargas; do surgimento da Bossa Nova e de magistrais artistas, poetas e escritores no Brasil e em todo o mundo; da fundação de Brasília por Juscelino Kubitschek, o "presidente bossa-nova"; do aparecimento da Vespa italiana e do Volks brasileiro; da posse do presidente Jânio Quadros; do culto à liberdade, da Revolução Cubana, da revolução cultural, da mudança de costumes, da popularização das drogas, da pílula anticoncepcional, da busca pelo espiritualismo, do movimento hippie, do protesto contra a Guerra no Vietnã e de tantos outros fatos históricos e importantes na vida do planeta.

No futebol, o período de vinte anos entre 1954 e 1974 foi extraordinário, pelas grandes equipes, seleções e jogadores. Na Copa de 1954, a Hungria, de Puskás, que perdeu o título para a Alemanha, encantou o mundo. A seleção alemã, campeã mundial em 1954 e também em 1974, teve, nesta última Copa, grandes jogadores, como Beckenbauer, Müller, Overath e Breitner. De 1958

77

a 1962, quem brilhou foi a seleção brasileira, com Pelé, Garrincha, Nilton Santos e Didi. Em 1966, a seleção inglesa, campeã mundial, introduziu o tradicional sistema 4-4-2, com duas linhas de quatro jogadores, usado até hoje, cinquenta anos depois, por grandes equipes. Em 1970, o Brasil assombrou o mundo, e em 1974 foi a vez da Holanda. Nesse período, tivemos equipes maravilhosas, como o Santos de Pelé, o Botafogo de Garrincha, o Real Madrid de Puskás e Di Stéfano, o Benfica de Eusébio e o Estrela Vermelha, da antiga Iugoslávia. Naquela época, todos os anos havia um amistoso, em algum lugar da Europa, entre Santos e Estrela Vermelha. O Santos ganhava a maioria das partidas.

Depois da Copa de 1970, recebemos muitos prêmios pela conquista. Um deles, que me incomoda até hoje, foi o Fusca dado pela Prefeitura de São Paulo, cujo prefeito era Paulo Maluf. Na época, ele não tinha tanta fama de corrupto como tem hoje. Recebi o carro como uma homenagem, um reconhecimento pelo título. Eu era um jovem de 23 anos e não tinha o conhecimento que tenho hoje. A Prefeitura foi processada por um cidadão, e Paulo Maluf foi condenado a devolver aos cofres públicos o dinheiro gasto. Ele recorreu e foi absolvido. Com o tempo, amadureci, entendi e aprendi que dinheiro público não pode ser distribuído para quem quer que seja. Essa é uma das razões de eu ter recusado, anos atrás, o prêmio em dinheiro concedido pelo governo federal aos campeões de 1970, 1962 e 1958. Muitos não compreenderam.

Os jogadores dessas e de outras Copas, e todos os outros que passam por dificuldades financeiras, deveriam ser ajudados pela CBF, pelos clubes em que atuaram e pela Previdência Social, que é um direito de todo cidadão. Para manter minha independência como colunista e crítico, recusei também o plano de saúde oferecido pela CBF aos campeões mundiais.

Após a Copa de 1970, o futebol brasileiro voltou a ser adorado por todo o mundo, mais ainda do que tinha sido depois das conquistas de 1958 e 1962. Estavam solidificadas a fama e a lenda da magia do futebol brasileiro, abaladas naqueles últimos anos. O cineasta e escritor italiano Pier Paolo Pasolini disse que a poesia brasileira tinha derrotado a prosa italiana. Chico Buarque escreveu que os europeus eram os donos do campo, pela organização, distribuição e posicionamento, enquanto os brasileiros eram os donos da bola, pela habilidade, fantasia e improvisação. Penso que, em 1970, o Brasil foi prosa e poesia, dono da bola e do campo, a união perfeita do futebol organizado e planejado com a improvisação, a fantasia e a técnica. Aquele foi um período de encantamento, começando com a seleção brasileira de 1958, seguida pela inglesa de 1966 e a brasileira de 1970, e completando-se com a seleção holandesa de 1974.

Em 1972, foi realizada no Brasil a Taça Independência, um pequeno torneio com algumas seleções. Pelé já tinha feito sua despedida do time brasileiro um ano antes. Pelé quis parar no auge, campeão do mundo. Leivinha, atacante do Palmeiras, jogou ao meu lado — eu mais recuado e ele mais à frente. Na final, no Maracanã, ganhamos de Portugal com um gol de Jairzinho.* Uma semana antes da Taça Independência, fui contratado pelo Vasco.

---

* A Taça Independência, também conhecida como Minicopa, foi uma competição entre vinte seleções (nacionais e continentais, como no caso da Seleção da África e da Seleção da Concacaf), patrocinada pelo governo brasileiro, como parte das comemorações dos 150 anos da Independência do Brasil. O torneio aconteceu de 11 de junho a 9 de julho de 1972. A final foi entre Brasil e Portugal, no Maracanã. A seleção brasileira venceu com um gol de Jairzinho, aos 44 minutos do segundo tempo. Essa foi a última partida de Gérson na Seleção. O iugoslavo Dusan Bajevic foi o artilheiro da competição, com treze gols. Os participantes foram (em ordem de classificação, do primeiro ao vigésimo colocados): Brasil, Portugal, Iugoslávia, Argentina, Escócia, União Soviética, Tchecoslováquia, Uruguai, França, Paraguai, Chile, Peru, Irlanda, Seleção da África, Colômbia, Bolívia, Equador, Irã, Seleção da Concacaf e Venezuela.

Eu tinha uma grande chance de ser um dos protagonistas da Seleção na Copa de 1974, por causa da ausência de Pelé e de outros grandes jogadores. Na época, o jornalista escocês Hugh McIlvanney escreveu: "Por combinar o que há de melhor no craque europeu e sul-americano, e o que há de melhor nas velhas artes e nas novas ciências do jogo, ele bem poderia ser o símbolo perfeito de uma grande Copa do Mundo em 1974. Só de pensar nisso, o coração bate mais forte".

Após o Mundial de 1970 e durante dois anos, joguei normalmente pelo Cruzeiro, sem problemas no olho. Para mim, era uma situação já superada. Em 1971, fui a Milão, convidado para jogar na despedida do goleiro russo Yashin, considerado o maior goleiro de todos os tempos. Almocei na concentração do Milan, ao lado dos jogadores, a convite dos dirigentes. Queriam me levar para lá, mas dependia do fim da proibição de contratação de estrangeiros, o que não aconteceu naquele momento. Por pouco não joguei na Itália. Minha vida, em vários sentidos, poderia ter tomado outro rumo.

Em Milão, fiquei hospedado no mesmo hotel em que moravam Garrincha, Elza Soares e vários filhos. Elza Soares fazia apresentações em bares e boates, e Garrincha tinha um salário como garoto-propaganda do Instituto Brasileiro do Café. Saímos uma noite para jantar. Jornalistas diziam que os dois tinham problemas financeiros e que Elza Soares tentava arrumar shows para ganhar dinheiro, pagar a conta do hotel e voltar ao Brasil. Não sei se era verdade ou fofoca.

O Cruzeiro, como é frequente acontecer com grandes equipes, caiu de produção, após ganhar o Campeonato Mineiro cinco vezes seguidas, de 1965 a 1969, e ter sido campeão da Taça Brasil, em 1966, hoje reconhecida como título do Campeonato Brasileiro. Além disso, o Atlético-MG havia formado um ótimo time, com o técnico Telê e o artilheiro Dario, e foi campeão do primeiro

Campeonato Brasileiro oficial, em 1971. Isso assustava o Cruzeiro. Por causa dos maus resultados, houve grandes críticas ao clube, como a de que alguns jogadores já estivessem famosos e sem a mesma dedicação. Isso me ofendia. O time fez uma longa excursão à Ásia e à Oceania, com o time reserva, mas eu estava presente, por exigência contratual, por ter sido campeão do mundo. Quando estávamos na Tailândia, recebemos a notícia de que o Cruzeiro tinha contratado o técnico Yustrich, conhecido por sua brutalidade, por histórias de até bater em jogador. A diretoria esperava que Yustrich fosse capaz de fazer com que os atletas se dedicassem mais. De lá mesmo, disse que não jogaria mais no Cruzeiro. O interessante é que, um dia depois, fiz cinco gols contra a seleção da Tailândia, na vitória por 5 a 0, a única vez em que consegui esse feito em minha carreira.

Voltei, me apresentei e treinei, sob o comando de Yustrich, e mantive meu desejo de sair. Apareceram alguns candidatos, como o Fluminense. Pedi ao Cruzeiro para acertar com o tricolor carioca, pois era tido como o clube mais organizado do futebol brasileiro naquele momento. Aí, apareceu o Vasco, com uma proposta superior. Na época, o passe do jogador era preso ao clube, mesmo depois de terminado o contrato — uma estrutura de escravidão. A Lei Bosman, de 1995, foi o início de uma mudança nas relações entre clubes e jogadores em todo o mundo. Os atletas, como todos os profissionais, passaram a ter liberdade de escolher onde trabalhar após o fim do vínculo contratual com os clubes. O Cruzeiro, para fechar o negócio, exigiu que eu abrisse mão da minha porcentagem de 15%, garantida por lei. Para ser coerente e mostrar minha insatisfação, concordei, o que foi um grande erro. Para a época, era uma grande quantia, e era meu direito.

Fiquei muito decepcionado com a diretoria, especialmente com o presidente Felício Brandi, pela conduta apenas comercial, maquiavélica, e pela falta de reconhecimento pela minha trajetória no clube. Fui um dos principais responsáveis pelo crescimento do Cruzeiro, que, antes do Mineirão, quando comecei a jogar, passou de terceiro time de Belo Horizonte a um clube conhecido e idolatrado em todo o Brasil e até no exterior, na América do Sul. O fato não mudou em nada o afeto que tenho pelo clube, onde joguei por dez anos e tive grandes alegrias. Sou torcedor do Cruzeiro. Hoje, diferentemente do que acontecia antes, a maioria dos torcedores e dirigentes entende que, como colunista esportivo, tenho a obrigação de ser isento e de criticar e elogiar o Cruzeiro, como faço com qualquer outro clube.

Antes de assinar o contrato, fui examinado por três oftalmologistas do Rio, escolhidos pelo Vasco, por causa dos problemas anteriores no olho. Não houve nenhuma objeção à minha contratação. Assinei um contrato para ganhar um salário maior do que tinha no Cruzeiro, sem nenhum valor adiantado ou de luvas. Como a vida no Rio era muito mais cara, na prática, não tive nenhuma vantagem financeira.

Na minha chegada ao Vasco, desfilei em carro aberto pelas ruas do Rio. No primeiro ano, em 1973, tive altos e baixos, em um nível muito abaixo do que atuava no Cruzeiro. O Vasco era muito inferior ao time mineiro, e eu sentia falta dos antigos companheiros. Fiquei também impressionado com a falta de seriedade profissional. A concentração servia para os jogadores dormirem, de dia e de noite, para recuperar o sono das noitadas. Na verdade, isso era comum no futebol brasileiro. O Cruzeiro era exceção. Apesar de as pessoas gostarem de dizer que, no passado, os jogadores tinham mais amor ao clube, a verdade é que eles se comportavam como amadores. Hoje, os atletas são muito mais responsáveis. Têm também salários infinitamente maiores.

Durante meu primeiro ano no Rio, morei em um hotel, enquanto procurava apartamento para comprar. Imaginei que ficaria um longo tempo, para jogar e desfrutar da Cidade Maravilhosa. Era recém-casado. Quando consegui um apartamento em Humaitá, com uma bela vista para a lagoa Rodrigo de Freitas, após mobiliar o apartamento, tive, subitamente, novos problemas no olho. Viajei para Houston e tive o diagnóstico de novo descolamento da retina. Fui operado. Depois de seis meses de repouso e observação, fui orientado pelo dr. Roberto Abdalla Moura a não mais jogar, pelo risco de ter novo descolamento. Além do mais, o que não tinha acontecido após a primeira cirurgia, dessa vez eu havia perdido parte da visão central, o que me impossibilitava de ter uma visão correta de profundidade, resultado da conjunção dos dois olhos. Isso, para um atleta de futebol, é uma grande perda. Quando a bola chegasse com velocidade, não teria mais as mesmas condições para dominá-la. Seria um jogador comum, um perna de pau.

Diferentemente da fase de recuperação da primeira cirurgia, em 1969, quando eu tinha muita confiança de que voltaria a jogar, dessa vez me preparei para o pior, pois já tinha sido avisado pelo médico de que dificilmente ele me recomendaria atuar novamente. Recebi a confirmação com tristeza, mas sem pânico. Já tinha me preparado para retornar aos estudos e ter uma nova atividade.

No entanto, para exercer qualquer outra atividade, nunca houve problema, porque a visão periférica do olho esquerdo operado é normal, e sua visão central, acometida, é compensada pela visão central do olho direito, com exceção da visão de profundidade. Lamento ter jogado tão pouco tempo e não ter tido, no Vasco, o mesmo sucesso que tive no Cruzeiro.

Tenho boas lembranças de São Januário, do bairro de São Cristóvão, das marcas da colonização portuguesa, da bela arquitetura dos prédios e dos bons e típicos restaurantes.

A diretoria do Vasco, para justificar o investimento que tinha feito, quis, na Justiça, receber do Cruzeiro o que havia gasto, o que, obviamente, foi negado. Como decidi voltar a Belo Horizonte, a Justiça — a meu ver, erradamente — decidiu que o Vasco não precisava pagar meus salários, desde o momento da contusão até o fim do contrato, por mais ou menos um ano. Eu havia sido contratado para jogar, e não tinha obrigação de ficar à disposição do clube, para fazer qualquer outra coisa. Vendi, com pressa e prejuízo, meu apartamento no Rio, no qual vivi por apenas alguns meses, pois precisava do dinheiro para comprar outro em Belo Horizonte. Não tinha mais nenhum salário. Ainda bem que minha esposa, engenheira química, tinha emprego, e eu havia guardado algum dinheiro.

Eu, que tinha ficado tão decepcionado com os dirigentes do Cruzeiro, estava mais ainda com os do Vasco. Era mais um motivo para me retirar do futebol, em vez de exercer outro cargo no esporte. Minha carreira durou dez anos, de 1963 a 1973, dos dezesseis aos 26 anos. Se tivesse parado aos 35, não teria mais ânimo para voltar a estudar.

No dia seguinte à minha chegada a Belo Horizonte, fiz minha inscrição em um cursinho pré-vestibular. Como já estava quase no fim do ano e tinha de recomeçar do zero, aprender as coisas da época do ginasial, tive de fazer um grande esforço. Sabia que, naquele ano, não seria possível passar em medicina, um curso muito concorrido. Porém, no ano seguinte, em 1974, ano da Copa, estudei muito. Fiz prova no mesmo Mineirão onde, pouco tempo antes, eu era aplaudido pelos torcedores. Passei em medicina na Universidade Federal de Minas Gerais (UFMG), e também em fisioterapia na Faculdade de Ciências Médicas, em primeiro lugar.

Escolhi a medicina por várias razões. Tinha uma grande curiosidade de entender e conhecer os segredos do corpo, da alma, da vida e da morte. Descobri que a vida é um mistério e que a medicina é uma ciência técnica, biológica. Aprendi nos livros de Dostoiévski, Sartre, Albert Camus, Machado de Assis, Hermann

84

Hesse, Freud e outros, e nas poesias de Fernando Pessoa e Carlos Drummond de Andrade, muito mais da vida e da morte do que na medicina, no funcionamento do corpo e na dissecação de cadáveres.

Outro motivo para minha escolha é que a profissão de médico é sedutora, traz prestígio social e possibilita ajudar as pessoas, além de interferir na doença e no destino dos pacientes. Sentia-me importante como ser humano. Tinha também uma boa relação pessoal com médicos e com pessoas ligadas à profissão. Era o início da descoberta de um novo mundo.

Começava a realizar meu sonho de adolescente de ter uma profissão liberal, antes de decidir ser um atleta profissional. Meu total afastamento do futebol, ao recusar convites para dar entrevistas e ir a programas de televisão e outros eventos, despertou mais curiosidade. As pessoas não entendiam como um jogador famoso se afastava do esporte daquela maneira. Isso ficou ainda mais marcante quando a Rede Globo fez uma reportagem com a mensagem de que eu não queria mais falar nem saber de futebol. Apenas queria ser um cidadão comum, não ser alvo de curiosidade e ter mais tempo para estudar, além de não deixar que a fama e o passado atrapalhassem minha nova atividade. Queria ser um médico, com total dedicação.

Fiz o curso de medicina, de 1975 a 1981, na UFMG. No início, havia uma grande curiosidade entre os colegas, entre os professores e até mesmo entre os pacientes com minha presença. Aos poucos, me acostumei, e eles também. Fiquei à vontade e não mais chamava a atenção. Passei os seis anos na faculdade com apenas um caderninho para anotar os compromissos, enquanto a maioria dos alunos copiava tudo o que o professor dizia. Achavam estranho. Eu não copiava, mas prestava muita atenção. Na época, não havia computador, muito menos internet. Penso que, por ter mais ou menos uns dez anos a mais que os colegas, sabia definir o que era mais importante entre milhares de informações que recebíamos.

Na formatura, houve uma divisão da turma. Havia um grupo chamado de Conforme, dos conformistas, que estava de acordo com toda a programação social da faculdade, e outro, o Disforme, do qual eu fazia parte, que participou apenas do que era realmente obrigatório. Fizemos nossa festa separadamente. Na entrega do diploma, com a presença de todos, estava lá a Rede Globo e o repórter Chico Pinheiro, hoje apresentador da emissora, para me entrevistar.

Diferentemente da frase do ex-jogador Falcão, que ficou famosa, de que o jogador morre duas vezes, uma quando para de jogar e outra quando morre de fato, tive, quando encerrei a carreira, uma perda, mas também um renascimento. Morremos e renascemos várias vezes na vida, até desistirmos, ou até que a vida desista de nós.

# 8. Intermezzo

Em 1974, acontecia a Revolução dos Cravos, que levou à democratização de Portugal. Foi também o ano que levou à renúncia do presidente norte-americano Richard Nixon, por causa do escândalo de Watergate. Enquanto eu estudava para o vestibular, assisti à Copa de 1974. Na seleção brasileira, dos principais jogadores do Mundial de 1970, estavam presentes Rivellino, Jairzinho e Paulo César Caju, que havia sido reserva no México. Agora, na Alemanha, Paulo César fazia a função de Rivellino, e Rivellino, a de Gérson. A seleção holandesa maravilhou e surpreendeu o mundo. Cruyff conta que, uns quinze dias antes do Mundial, o lendário treinador Rinus Michels reuniu os jogadores e disse-lhes que, como era quase impossível ganhar a Copa, fizessem algo diferente. Nascia o Carrossel Holandês. Onde quer que estivesse a bola, havia vários holandeses para tomá-la, em todas as partes do campo. Os zagueiros, adiantados, pressionavam, recuperavam a bola no meio-campo e continuavam a jogada até o gol. Os defensores se misturavam com os armadores e os atacantes. Era a pelada organizada. Cruyff, que teoricamente era o centroavante, estava em todas as partes do campo. Foi um dos jogadores mais inteligentes da história do futebol e, depois, um excepcional técnico e crítico. Contra os holandeses, as seleções do Uruguai e da Argentina quase não pegaram na bola. O domínio era tanto que, se cada jogo acabasse 7 a 0, seria normal. Contra o Brasil, foi um pouco mais difícil, porque o time brasileiro, com bolas longas, nas costas dos zagueiros, quase fez dois gols. Mas, na maior parte do tempo, foi também um massacre holandês. O Brasil perdeu e apelou para a violência.

Muitos jogadores encantaram o mundo, mas, fora dos gramados, ninguém teve tanta importância para o futebol quanto Cruyff. Como técnico, revolucionou o Barcelona — e, consequentemente, todo o futebol mundial — com seus conceitos de jogo compacto, de aproximação para trocar passes, de posse de bola e de marcação por pressão. Cruyff foi também um grande crítico e pensador.

Nunca joguei contra Cruyff. Conversei com ele uma única vez, rapidamente, no corredor de um shopping center em Joanesburgo, na África do Sul, antes da Copa de 2010. Ele disparou a elogiar a seleção brasileira de 1970. Sabia todos os detalhes. Tive vontade de fazer uma tietagem, mas não tive coragem de dizer a ele que, há muito tempo, eu procurava alguma imagem sua em miniatura para a minha coleção de grandes ídolos e personalidades que transformaram a história do mundo, em todas as áreas do conhecimento humano. Ainda vou achar.

Equipes que sucedem a outros times históricos, excepcionais, costumam fracassar. Assim ocorreu com a seleção brasileira na Copa de 1966, após as brilhantes conquistas de 1958 e 1962. Isso se repetiu com o time brasileiro no Mundial de 1974, depois da Copa de 1970. Sem Pelé e outros craques, além de muitos problemas coletivos, o Brasil foi mal.

Após a Copa de 1974, muitas equipes tentaram usar a mesma

88

estratégia da Holanda e fracassaram. Mas a marcação por pressão dos holandeses continuou presente no imaginário de todos. Arrigo Sacchi fez algo parecido no Milan, no final dos anos 1980, ajudado pelos craques holandeses Van Basten, Gullit e Rijkaard. Foi um time histórico. Pressionava quem estivesse com a bola. Mais recentemente, Guardiola fez o mesmo no Barcelona, inspirado por Cruyff, que foi seu técnico no time catalão no início dos anos 1990 e que, quando jogador da seleção holandesa e do Ajax, bebeu diretamente na fonte do treinador Rinus Michels. Hoje, quase todas as equipes usam a marcação por pressão, mas apenas em partes do jogo e com menos intensidade, pelo risco de deixar muitos espaços na defesa e pelo desgaste físico.

No período entre 1974 e 1994, afastei-me do esporte e dediquei-me à medicina. Trabalhei e estudei muito e não tinha tempo para acompanhar de perto o futebol, a não ser os principais jogos, como os da Copa. Nas folgas do trabalho médico, estava com a família. Por isso, durante os últimos vinte anos, como comentarista de televisão e colunista esportivo, tive de ler bastante, pesquisar e conversar com muitas pessoas que viveram intensamente o futebol daquele período, a fim de entendê-lo melhor. Continuo com muitas dúvidas. Assistir anos mais tarde às partidas do passado, como fiz, é diferente de vê-las na época em que foram realizadas.

A Inglaterra de 1966, o Brasil de 1970 e a Holanda de 1974, seleções com grande encanto, talento e também organização tática, foram, naquele período, as maiores inspiradoras para o início do futebol atual, científico, planejado, dentro e fora de campo. A partir daí, houve progressivamente um grande desenvolvimento da ciência do futebol e uma vedetização dos treinadores. Os clubes brasileiros passaram a ter vários especialistas em suas comissões técnicas, como fisiologistas, fisioterapeutas, nutricionistas, médicos e outros. Um exemplo da grande diferença científica entre o futebol de hoje e o daquela época era a comissão técnica do Cruzeiro, que, nos anos 1960, era formada apenas pelo treinador, pelo preparador físico e por um médico ginecologista, que já estava no clube havia muito tempo. Ele conhecia bem a medicina geral e encaminhava a um ortopedista os problemas mais sérios e difíceis. Havia ainda o pai de santo. Na véspera das partidas, os jogadores o encontravam. Eu fazia questão de não ir. Achava um atraso mental e profissional. Diziam também que o pai de santo recebia até prêmios pelas vitórias (ou "bichos", como se diz no futebol).

Os grandes clubes brasileiros construíram novos centros de treinamento, aproveitando os avanços da tecnologia. Eles têm hoje uma estrutura profissional tão boa quanto a dos principais clubes da Europa, às vezes até melhor. Atualmente, existe um contrassenso: a qualidade dos centros de treinamento dos grandes clubes brasileiros é, em média, melhor que o talento dos jogadores.

Esse período de grande desenvolvimento científico no futebol — entre mais ou menos 1974 e 1994, estendendo-se até 2002 — foi, paradoxalmente, o de pior qualidade técnica, com uma excessiva preocupação com o jogo pragmático e com a marcação. Como a vitória valia dois pontos — a regra mudou na Copa de 1994, quando a vitória passou a valer três pontos, e o empate continuou valendo um ponto —, era mais seguro não arriscar. O empate era bom. Um time esperava o outro, e nada acontecia. O futebol ficou chato e sem gols, em todo o mundo. Nessa época, o Brasil perdeu as Copas de 1978, 1982, 1986 e 1990. Com exceção de 1982, o Brasil perdeu porque havia outras seleções melhores. Não houve surpresas.

José Miguel Wisnik chamou esse período de intermezzo:

Trata-se de um longo intermezzo entre o futebol arte e o futebol força. As vitórias de Alemanha, Argentina e Itália, neste período, além da fulgurante passagem do Carrossel Holandês em 1974, co-

90

locava na ordem do dia a ideia de que era preciso adotar um futebol eminentemente coletivo, taticamente responsável, compactamente defensivo, fisicamente forte e que abrisse mão dos devaneios individualistas. Não é difícil reconhecer aí uma nova importância dada à prosa, em detrimento da poesia.*

O grande escritor uruguaio Eduardo Galeano, no livro *Futebol ao sol e à sombra*, escreveu: "A história do futebol é uma triste viagem do prazer ao dever. Ao mesmo tempo que o esporte virou indústria, foi desterrando a beleza que nasce da alegria de jogar só pelo prazer de jogar. Neste mundo, o futebol profissional condena o que é inútil, e é inútil o que não é rentável".**

O dilema entre futebol força e futebol arte, entre coletivo e individual, entre a disciplina tática e a improvisação, entre a eficiência e a beleza, continua até hoje. Essa discussão tem a ver com a dúvida primordial do ser humano, presente no cotidiano e em toda a literatura mundial, entre a razão e a imaginação, entre a ética e o desejo, entre o real e o simbólico, e várias outras dualidades.

No futebol, os operatórios, utilitaristas, pragmáticos, apaixonados pela prancheta, pelos números e por uma única razão que explique os resultados e as atuações das equipes, estarão sempre em desacordo com os românticos, idealistas, sonhadores, apaixonados pela beleza e pelo mistério.

Sou um homem racional e sonhador. Vivo em conflito com os dois olhares e sentimentos. Os dois são essenciais, mas, com frequência, não combinam. Um quer saber mais que o outro; um quer ser mais importante que o outro.

---

* José Miguel Wisnik, op. cit., p. 321.
** Eduardo Galeano, *Futebol ao sol e à sombra*. Porto Alegre: L&PM, 2004.

# 9. O encanto da derrota

Em 1975, comecei meu curso de medicina. Meus queridos filhos nasceram em 1976 e 1978. Tenho hoje três netos. Meu filho é engenheiro ambiental, e minha filha, juíza de direito. Em 1978, assisti à Copa da Argentina em casa, sem preocupações em conhecer detalhes técnicos e táticos.

O Brasil foi dirigido por Cláudio Coutinho, que tinha sido, inicialmente, auxiliar de preparação física da Seleção de 1970 e, depois, no mesmo Mundial, supervisor. Era formado em educação física, culto e com um discurso racional, claro, formal e científico. Ele simbolizava a nova era do futebol. Parreira tinha o mesmo perfil. Os dois foram representantes de uma nova classe de técnicos, frequente no futebol atual, formada na Faculdade de Educação Física. Esses técnicos, que nunca tinham sido atletas profissionais, sonhavam com um futebol extremamente planejado e científico, como se fosse possível eliminar o acaso, o imprevisto, e reproduzir no jogo o que era ensaiado nos treinos, como acontece em vários outros esportes coletivos, como o vôlei. Essa pos-

92

tura contribuiu também para a evolução do futebol. As visões romântica e científica são importantes e se completam. Coutinho unia as informações científicas e os conhecimentos táticos com a observação de campo, que aprendeu com Zagallo. Na época, seu novo palavreado ficou conhecido, com expressões como "ponto futuro", *overlapping*, que nada mais eram que repetições da maneira de jogar da seleção inglesa de 1966. Os meias pelos lados iam em direção ao centro, e o lateral passava em velocidade, para receber a bola e cruzar para a área. Essa jogada é uma marca do futebol brasileiro e mundial, hoje mais usada ainda com o novo sistema 4-2-3-1, com um meia de cada lado, formando dupla com o lateral, no ataque e na defesa.

Em 1978, a seleção brasileira repetiu o 4-3-3 das Copas anteriores, com Dirceu pela esquerda, fazendo o papel de Rivellino na Copa de 1970, de Paulo César na de 1974 e de Zagallo nas Copas de 1962 e 1958. O time foi eliminado sem perder um jogo sequer, mas sem brilhar. O técnico Cláudio Coutinho aproveitou para dizer que a Seleção tinha sido campeã moral. Da geração de 1970, só restavam o goleiro Leão e Rivellino, em fim de carreira. Zico e Cerezo eram ainda jovens. Reinaldo, que poderia ter sido um grande destaque, tinha muitos problemas no joelho. Está no imaginário de todos que viram Reinaldo em momentos esplendorosos no Atlético-MG e em alguns momentos na Seleção que, se tivesse uma carreira mais longa e regular e não tivesse sofrido contusões graves, seria um centroavante do nível de Romário ou Ronaldo. Reinaldo tinha características parecidas com as de Romário, com muita velocidade nos pequenos espaços, toques geniais nas finalizações e a capacidade de tornar simples o que é complexo.

Brasil e Argentina empataram em 0 a 0, na segunda fase, em um jogo de intensa pancadaria. A Argentina, em casa, foi campeã, ao vencer na final a Holanda por 3 a 1. Até hoje, a vitória da Argentina sobre o Peru, por 6 a 0, está sob suspeita. Falam que a ditadura argentina impôs e negociou com os peruanos a derrota por goleada. Os donos da casa precisavam vencer por, no mínimo, quatro gols de diferença para continuar na Copa. Com isso, o Brasil ficou fora da final. Vi esse jogo com calma e continuo na dúvida. Foi uma avalanche, desde os primeiros minutos, quando a Argentina passou a criar muitas chances de gol.

Em 1982, a prosa italiana derrotou a poesia brasileira. Tive de trocar meus plantões de médico-residente da área de clínica médica, no Hospital das Clínicas de Minas Gerais, da UFMG, para assistir aos jogos do Brasil. Como nada no mundo é linear e nada acontece sem sobressaltos, surgiu nesse período de 1974 a 1994, de baixa qualidade técnica no futebol, uma excepcional seleção brasileira, dirigida por Telê Santana, um técnico que gostava de vencer e de dar espetáculo. O time não venceu, mas encantou o mundo. Essa equipe do Brasil de 1982, a holandesa de 1974 e a húngara de 1954 contrariam o lugar-comum de que a história é sempre contada pelos vencedores. O operatório Dunga fica com raiva e não compreende como uma seleção que perdeu pode ser mais elogiada que a de 1994, que venceu. Ele nunca vai entender. Falam muito que, por causa da derrota da seleção brasileira em 1982, o futebol, em todo o mundo, passou a ser mais pragmático e feio, como se não fosse possível jogar bonito e vencer. Na verdade, as mudanças no futebol, que o tornaram mais previsível naquele período, trouxeram também grandes benefícios científicos futuros, que existem atualmente no futebol mundial, como vimos na Copa de 2014, no Brasil.

Zico foi um dos jogadores mais brilhantes da história do futebol e um dos craques que não se tornaram campeões do mundo por seleções. Azar da Copa, disse o colunista Fernando Calazans. Zico era quase um Messi, com menos repertório e sem a mesma velocidade do argentino em conduzir a bola colada aos pés. Driblava, dava excepcionais passes e fazia muitos gols. Nas cobranças de falta, Zico era superior a Messi.

Sócrates, sem nunca ter sido verdadeiramente um atleta profissional, era magistral, inteligente, visionário e pensador da vida e do futebol. Sua altura, magreza e pés pequenos davam a ele um toque diferente. Compensava a dificuldade de movimentação com a habilidade, com a visão ampla das jogadas, além dos belos e eficientes passes de calcanhar. Falcão e Cerezo atuavam de uma intermediária à outra, como fazem hoje os grandes jogadores da posição. Marcavam, organizavam e atacavam. É o tipo de craque que mais faz falta hoje ao futebol brasileiro.

A seleção brasileira de 1982 tinha jogadores excepcionais em quase todas as posições. Não havia pontas fixos, o que motivou a criação do personagem Zé da Galera, de Jô Soares, que reclamava: "Bota ponta, Telê!". Éder era um ponta-esquerda mais armador, que vinha pelo meio e se misturava com Cerezo e Falcão, teoricamente os volantes, e com Zico e Sócrates, os meias ofensivos. E ainda tinha, nas laterais, Júnior, pela esquerda, que ia também ao meio armar as jogadas, e Leandro, pela direita, um dos grandes da posição na história do futebol brasileiro. Luizinho era um zagueiro clássico, que antevia a jogada, antecipava e saía com a bola com eficiente passe. Faltou Careca ou Reinaldo na frente, contundidos, no lugar de Serginho Chulapa. Uma equipe com tantos craques precisava de um centroavante com mais talento.

A Seleção era tão criativa e inovadora que ficava difícil ou quase impossível dizer, com números, qual era o desenho tático. Se quisessem, podiam chamar de 4-5-1, pois o único jogador fixo, do meio para a frente, era Serginho Chulapa. O Flamengo, campeão do mundo em 1981, dirigido por Paulo César Carpegiani, tinha Leandro, Júnior e Zico, craques da Seleção de 1982. O rubro-negro jogava da mesma maneira que a Seleção, com apenas um jogador fixo à frente, Nunes.

Temos o hábito de achar sempre uma única razão para tudo, como a de que a Seleção perdeu porque não teve cuidados defensivos, quando deveria segurar a vantagem do empate contra a Itália. Os três gols de Paolo Rossi saíram de lances pontuais, de erros isolados e pelos méritos do time italiano. Se o Brasil jogasse várias vezes com a Itália — que tinha também uma excepcional equipe, tanto que foi campeã —, ganharia a maioria das partidas. Quatro anos depois, na Copa de 1986, apenas Zico e Sócrates, dos craques de 1982, estavam presentes. Telê foi novamente o treinador. Em 1992 e 1993, ele foi bicampeão mundial de clubes dirigindo o excepcional time do São Paulo, contra Barcelona e Milan, respectivamente.* Telê foi um dos grandes treinadores da história do futebol brasileiro. Diferentemente de Parreira e de Cláudio Coutinho, que valorizavam mais os detalhes táticos e o jogo programado, ensaiado, Telê insistia com os jogadores para treinar e melhorar os fundamentos técnicos, além de se preocupar com que os atletas atuassem em suas posições corretas, para exercerem o máximo de seus talentos. Telê gostava de vitórias e do belo e bom futebol.

Na volta da Copa do Mundo ao México, o Brasil foi eliminado nos pênaltis pela França, que tinha excelentes jogadores. Os franceses discutem até hoje quem foi seu melhor jogador: Platini,

---

\* Em 13 de dezembro de 1992, o São Paulo foi campeão mundial pela primeira vez, após vencer o Barcelona por 2 a 1, de virada, com dois gols de Raí, eleito o melhor jogador da disputa. O Barcelona abriu o placar com um gol de Stoichkov. O São Paulo jogou com Zetti; Victor, Adilson, Ronaldão e Ronaldo Luiz; Toninho Cerezo (Dinho), Pintado, Cafu e Raí; Müller e Palhinha. No ano seguinte, em 12 de dezembro de 1993, a vítima foi o Milan, que perdeu a disputa por 3 a 2. Palhinha, Toninho Cerezo e Müller marcaram para o tricolor, enquanto Massaro e Papin fizeram para o time italiano. Telê Santana escalou o São Paulo com Zetti; Cafu, Ronaldão, Válber e André Luiz; Dinho, Doriva, Toninho Cerezo e Leonardo; Palhinha e Müller.

craque na Copa de 1986, ou Zidane. Platini era mais um meia-
-atacante, ponta de lança, goleador. Zidane era mais um armador,
de talento magistral. Não tenho dúvidas de que Zidane foi melhor.
Ele está entre os maiores jogadores da história.

Mas a grande sensação da Copa de 1986, vencida pela Argentina, foi Maradona, que estava no auge. Além de muitos argentinos, um grande número de italianos fala que Maradona foi superior a Pelé porque brilhou intensamente no Napoli, da Itália — um
time que não estava entre os grandes do futebol mundial, e ainda
mais por ser em um país que tinha as melhores defesas do mundo —, e também porque Pelé jogou ao lado de mais craques, tanto na Seleção quanto no Santos. Maradona foi mais artista, mais
showman. Pelé foi mais completo, mais técnico, pois tinha, no
mais alto nível, todas as virtudes necessárias da posição. Foi o
maior de todos. Sei que Messi nunca será tão idolatrado quanto
Maradona, mesmo que faça um gol tão espetacular em uma Copa
e seja campeão mundial. Acho Messi mais completo que Maradona, por fazer mais gols, além de ser excepcional na armação das
jogadas.

Em 1986, Maradona fez o gol mais bonito de todas as Copas,
nas quartas-de-final contra a Inglaterra, na vitória da Argentina
por 2 a 1. Na mesma partida, ele fez o famoso gol com a mão.
Para o povo argentino, foi mais que uma vitória esportiva. Foi a
vingança por causa da derrota na Guerra das Malvinas, em 1982.

Maradona contou a seu amigo Jorge Valdano — que também
estava em campo e que depois se tornou um grande pensador do
futebol — que, ao receber a bola em seu campo, pensou em passá-
-la ao companheiro. Apareceu um inglês à frente, e ele teve de
driblá-lo. Queria novamente dar o passe, e estava lá outro inglês
à sua frente. Teve também de driblá-lo. Assim, sucessivamente,
driblou vários ingleses, o goleiro e fez o gol. Foi a união de um
fenomenal talento com os acasos.

Em 1989, o Muro de Berlim, símbolo da Guerra Fria entre Estados Unidos e União Soviética, foi derrubado, e a Alemanha foi reunificada. Em 1991, com a desintegração da União Soviética, começava uma nova era de globalização e de liberação do comércio, o neoliberalismo. Uma década depois, em 2002, foi implantado o euro, moeda comum e vigente hoje na maioria dos países da União Europeia.

Na Copa de 1990, disputada na Itália, recebi um convite tentador e aceitei. Vi, no Brasil, os três primeiros jogos da fase de classificação. Depois, tirei férias do trabalho e viajei para lá, onde me hospedei em um navio de turistas e torcedores, ancorado em Gênova. Fui com minha esposa e meu filho, que tinha doze anos. Minha filha não pôde ir, por causa de provas no colégio. Chegamos a Gênova e, no outro dia, fomos de ônibus até Turim, para ver Brasil e Argentina. Uma grande decepção, apesar de o Brasil ter sido muito superior. A seleção brasileira, dirigida por Lazaroni, jogou pela primeira vez com três zagueiros e dois alas. O jovem Romário, que na época atuava no PSV, da Holanda, já despontava como um fenômeno, mas se contundiu e não pôde jogar. Maradona, em um lance genial, driblou dois marcadores e tocou para Caniggia fazer o gol da vitória. Meu filho, no estádio, chorou copiosamente. Maradona, venerado pela torcida do Napoli, onde jogava, conseguiu a proeza de fazer os torcedores napolitanos torcerem para ele e para a Argentina contra a própria Itália. Os argentinos eliminaram os donos da casa nos pênaltis.

Como já estava combinado entre a companhia de turismo e os passageiros, caso o Brasil perdesse, iríamos passear pelo Mediterrâneo e pela Grécia. Assisti a alguns jogos em um telão, dentro do navio, com uma péssima imagem. Na final, a Alemanha ganhou da Argentina. Foi mais um Mundial de baixa qualidade técnica.

Na viagem de navio, vivi um grande susto, por causa de uma tempestade. O navio balançava muito, quase todos os passageiros vomitavam, e muitos entraram em pânico. Tive de atuar como médico. Fui até a cabine, onde ficavam os comandantes, que estavam tranquilos, apesar de a água passar por cima do navio. Entre 1974 e 1994, aconteceram muitos fatos importantes no Brasil. As atrocidades da ditadura continuaram e só foram conhecidas melhor com o tempo. Em 1975, o jornalista Vladimir Herzog foi assassinado, após ser barbaramente torturado. Alguns anos depois, foram realizadas manifestações a favor das eleições diretas para presidente e a ditadura militar chegou ao fim. Tancredo Neves, o primeiro presidente civil desde 1964, morreu antes da posse, e José Sarney assumiu a Presidência. Em seguida, o governo de Fernando Collor sequestrou nosso dinheiro. Esses acontecimentos, dentre tantos outros, foram bastante marcantes no período. Enquanto isso, como médico, estudei e trabalhei muito. Acompanhava tudo o que acontecia no país, mas vivia outra vida, distante da fama.

Eu era professor da Faculdade de Ciências Médicas e médico da Santa Casa, e depois do São José, que funcionavam como hospitais-escolas. Orientava os médicos-residentes no atendimento aos pacientes na enfermaria e no ambulatório e dava aulas de semiologia médica, parte essencial do curso, em que os alunos aprendiam a examinar o paciente e a fazer um diagnóstico fisiopatológico (entendimento do distúrbio do doente), baseado nos sinais físicos e nos sintomas. No hospital e na faculdade, eu era um dos médicos assistentes do conceituado dr. José de Laurentys Medeiros, já falecido. Uma parte da enfermaria, com um grande número de leitos, ficava sob minha responsabilidade, junto com os médicos-residentes e os alunos. Além do trabalho diário de examinar, medicar e discutir todos os problemas dos pacientes, fazíamos reuniões científicas, de atualização da parte clínica e farmacológica. Eu era um CDF, um caxias. Até hoje, algumas poucas pessoas acham que me tornei médico apenas para ter diploma de doutor.

Como um dos meus desejos, quando escolhi a profissão, era entender os mistérios do corpo e da alma, fiz cursos paralelos de medicina psicossomática, psicologia médica e psicanálise, além da minha análise pessoal. Eu era tido no hospital como um médico que conversava bastante com os pacientes, sempre procurando saber também suas aflições, que influenciam na evolução das doenças. Tinha a pretensão de ser um médico completo, de diagnosticar e tratar o corpo e a alma. É impossível, pela complexidade da medicina. Durante um curto período, aluguei um horário em um consultório particular de um amigo. Desisti. Gostava mais do hospital-escola e do trabalho de professor.

Quando terminei o curso de psicanálise, tive uma paciente, por quase um ano, com a orientação de meu professor. Quase troquei a medicina pela psicanálise.

Eu percebia, no atendimento diário aos pacientes, que a preocupação principal deles era ter um corpo sadio, para estar apto ao trabalho. O "eu" era o corpo.

Fui homenageado algumas vezes pelos alunos da Faculdade de Ciências Médicas, onde era professor, e uma vez — um fato inusitado — pelos alunos da UFMG, porque alguns participavam, fora das atividades curriculares, da enfermaria em que eu trabalhava, na Santa Casa. Tiveram de fazer um pedido especial ao reitor da universidade. Essas homenagens me davam muita satisfação e orgulho. O contato com os alunos era enriquecedor e me dava muito prazer. Fico contente quando encontro alguns deles hoje, cinquentões e competentes médicos.

Sentia-me mais completo como ser humano e um melhor cidadão, como desejava. Tinha também o orgulho de ser capaz de fazer bem uma outra atividade, fora do futebol. Por outro lado, o contato diário com a doença, a possibilidade e a proximidade da morte e a transitoriedade das coisas aumentavam minha angústia existencial, diante da fragilidade, da incompletude humana e da finitude da vida.

Isso não me torna depressivo, não me tira a alegria de viver, a gana de ir atrás do que quero nem o sono. Às vezes, sinto até uma prazerosa melancolia.

# 10. Os "quases" da vida

Em 1994, Fernando Henrique Cardoso foi eleito presidente do Brasil (em 1998 ele seria reeleito). Foi também o ano da implantação do real, moeda vigente no país.

Antes do Mundial de 1994, disputado nos Estados Unidos, vi Ronaldo jogar pelo Cruzeiro e fiquei impressionado. Ele tinha dezessete anos e tudo para se tornar um fenômeno. Disse, na época, que ele só não seria titular na Copa porque o Brasil tinha uma grande dupla de atacantes: Romário e Bebeto. No outro dia, fizeram uma reportagem comigo e com Ronaldo em minha casa. Durante a conversa, ele, já ambicioso, como os grandes craques, me perguntou se eu havia comprado meu apartamento com o dinheiro que ganhara no futebol. Ele não imaginava que, em pouco tempo, poderia comprar um igual com o salário de um mês. Ronaldo saiu mas voltou em seguida, pois tinha esquecido a carteira. Freud dizia que, muitas vezes, esses tipos de esquecimento são desejos de retornar ao lugar.

Continuamos a conversa, sem os jornalistas. Falei que ele deveria ter cuidado com certas coisas, que deveria separar o público do privado, pois, naquele dia, havia saído uma foto no jornal com Ronaldo de cueca, em seu quarto, no apartamento onde morava com vários outros jogadores. Obviamente, ele não seguiu meus conselhos. E o pior é que, depois de uma crítica técnica que fiz a ele após um jogo, Ronaldo teria dito que eu o criticara por inveja dos milhões que ele ganhava.

Certa vez, em uma cobertura de imprensa da seleção brasileira, Rivaldo, para conceder uma entrevista à *Folha de S.Paulo*, exigiu que eu não participasse, pois estava chateado por eu tê-lo criticado. Minha crítica tinha sido técnica, pontual.

Os jogadores aceitam a mesma crítica de um comentarista que não foi atleta profissional com muito menos rancor do que a feita por um ex-jogador. Esse é um dos motivos de ex-atletas comentaristas serem muito complacentes e bonzinhos em suas análises, de forma corporativa, como se ainda estivessem jogando.

Próximo à Copa de 1994, Luciano do Valle me telefonou e me convidou para participar diariamente do programa de debates da TV Bandeirantes, à noite, nos Estados Unidos. Aceitei na hora, para sua surpresa. Apesar de não ter pensado objetivamente, pode ser que, inconscientemente, eu me preparava para voltar ao futebol.

Também comentei vários jogos da Copa ao vivo, do estúdio, o que não estava programado. Pedi para fazer. Aprendi na hora.

Embora haja exceções, os comentaristas de jogo que foram atletas profissionais são, geralmente, melhores para explicar os lances decisivos, os detalhes e as intenções dos jogadores, enquanto jornalistas comentaristas costumam ter uma postura mais profissional e científica, dar mais informações, além de, paradoxalmente, se preocuparem mais com os sistemas táticos.

Fiquei mais de um mês em Dallas e passava o dia no centro de imprensa, onde via todos os jogos pela TV, dava entrevistas, fazia alguns comentários e, à noite, depois das partidas, participava do programa de debates e análises dos jogos, junto com Luciano do Valle, Armando Nogueira e Júlio Mazzei, que havia sido preparador físico e diretor do Cosmos, de Nova York, onde trabalhara com Pelé nos anos 1970. Gérson e Rivellino, companheiros da Copa de 1970, acompanhavam diariamente os treinos e jogos da Seleção na Califórnia. Tornei-me amigo de Armando Nogueira, com quem aprendi muito.

Pelé nunca foi reconhecido como um bom comentarista. Assim como acontece com outros atletas, ele não se identificou com a nova atividade, como se ela fosse uma passagem, um "bico". Ex-atletas não costumam se preparar tecnicamente para a nova função. Continuam enamorados por seu passado. Durante as partidas da Copa dos Estados Unidos, Pelé atendia com sorriso aos curiosos, acenava para todos, enquanto a bola rolava. As mesmas dificuldades possuem ex-atletas que se tornam treinadores.

Em Dallas, era rara uma notícia de destaque sobre a Copa. Havia um grande silêncio nas ruas. Achava estranho. Um dia, no centro de imprensa, fui fazer um lanche. Estava sentado, comendo um sanduíche, quando apareceu um senhor mais velho, mais gordo, que pediu permissão para sentar-se a meu lado. Quando vi, achei que o conhecia. Ele se apresentou e disse: "Sou Di Stéfano". Quase caí da cadeira. Batemos um longo papo sobre futebol. Ele comentava os jogos para uma TV espanhola. Di Stéfano faleceu há pouco tempo, quando era presidente de honra do Real Madrid, além de ter sido um dos maiores jogadores da história do clube. Os argentinos mais antigos falam que ele foi superior a Maradona e a Messi. Foi um dos ídolos de meu pai e considerado, por muitos, um dos cinco maiores jogadores da história do futebol. Alguns falam que era maior que Pelé. Meu pai dizia que Pelé foi melhor, mas que Di Stéfano era o único jogador da história que brilhava de uma área à outra. Hoje, muitos jogadores que não têm o talento de Di Stéfano fazem o mesmo, pois são muito mais bem preparados fisicamente.

Por causa da influência de meu pai, tentei, durante uma época, no Cruzeiro, jogar como Di Stéfano, de uma área à outra. Quando chegava ao campo do adversário, estava exausto e errava o lance. Desisti de ser um Di Stéfano e contentei-me em ser apenas um Tostão.

No Mundial de 1994, assisti somente a um jogo no estádio, entre Brasil e Holanda, pelas quartas de final, em Dallas. Na véspera, depois de 24 anos, encontrei Gérson, que viajou da Califórnia para acompanhar a partida. Vimo-nos durante o programa de debates, quando Gérson chegou ao estúdio. Ele entrou ao vivo, me deu um grande abraço e chorou.

Nessa partida, Romário fez mais um gol espetacular, incrível. Bebeto, em uma jogada de velocidade, em um contra-ataque, deu um passe da esquerda para o centro e Romário chegou a uns trinta centímetros da bola. Um jogador comum esticaria a perna para tentar tocá-la para o gol e, provavelmente, perderia a chance. Romário deu um impulso, ficou com as duas pernas no ar, sem nenhum apoio, e, com o lado externo do pé direito, para tirar do goleiro, colocou a bola no canto. Genial! Depois do jogo, no estúdio da TV Bandeirantes, eu e Armando Nogueira ficamos longo tempo vendo o lance, várias vezes, estudando os detalhes, para tentar entendê-lo. O Brasil venceu por 3 a 2.

Romário está entre os maiores centroavantes da história do futebol mundial. Foi o mais genial. Antes de a bola chegar ao companheiro, ele, com um olhar no passe e outro nos zagueiros, com o corpo de lado, já pronto para partir, recebia a bola nas costas dos defensores. Era um craque também nos pequenos espaços, pela rapidez com que decidia as jogadas. Romário estava sempre desmarcado. Enquanto os centroavantes parecem gostar de disputar as bolas com os zagueiros, ele, nos cruzamentos, se movimentava para recebê-la livre. Mesmo baixinho, fazia muitos gols de cabeça, como o que fez na semifinal contra a Suécia na Copa de 1994. Cruyff, que foi técnico de Romário no Barcelona, chamou-o de "o maior gênio da área". Contam que, numa festa do Barcelona para homenagear seus grandes ídolos, Cruyff foi o mestre de cerimônias. Apresentou todos os jogadores e, quando chegou a Romário, disse: "O maior de todos".

Romário quase não foi à Copa dos Estados Unidos. Anos antes do Mundial, quando ainda estava no PSV, da Holanda, foi convocado para um amistoso por Carlos Alberto Parreira, que era o técnico da seleção brasileira. Ao ficar na reserva e não entrar na partida, Romário disse que, para viajar tanto tempo e não jogar, era melhor não chamá-lo, o que de fato acabou acontecendo na sequência. Mas no jogo decisivo das Eliminatórias, contra o Uruguai, no Maracanã, Parreira teve de convocá-lo e escalá-lo. Romário era imprescindível. Seria como não chamar Neymar por conta de uma indisciplina. Foi uma das maiores partidas de um jogador na seleção brasileira. O Brasil venceu por 2 a 0, com dois gols de Romário. Após o Mundial, ele recebeu o título oficial de melhor jogador do mundo naquele ano. Antes do Mundial, já era o melhor.

Em Dallas, a TV Bandeirantes reuniu os comentaristas (eu, Gérson, Rivellino e outros) e os narradores para um jantar especial. Pelé, que trabalhava na Rede Globo, foi convidado. Ele chegou atrasado, em uma limusine branca, com o terno, a gravata e os sapatos brancos. Quando entrou no restaurante, Gérson falou alto: "Crioulo, você está ridículo, todo engessado".

A Seleção ganhou a Copa depois de 24 anos, e mesmo assim foi criticada. A razão principal é que o time jogou, pela primeira vez na história do futebol brasileiro, da maneira como jogavam os europeus, com duas linhas de quatro e dois atacantes. Isso começou com os ingleses, na Copa de 1966. Quando o time era atacado, havia sempre oito jogadores atrás da linha da bola. Os zagueiros ficavam muito protegidos. A bola quase não chegava ao gol de Taffarel. José Trajano dizia com ironia que, se botasse um cone no gol, nada mudaria. As jogadas ofensivas da seleção brasileira eram dependentes dos contra-ataques, com Romário e Bebeto, muito entrosados e velozes, e com o avanço dos dois excelentes laterais, Leonardo (depois Branco), pela esquerda, e especialmente Jorginho, pela direita, excepcional nos cruzamentos.

Quando a seleção brasileira era atacada, os meias Zinho, pela esquerda, e Raí (depois Mazinho), pela direita, marcavam ao lado dos volantes, no campo do Brasil. Como Zinho e Raí eram lentos, acabavam chegando pouco ao ataque quando o time recuperava a bola. Essa foi a razão das más atuações de Raí na Copa, pois no São Paulo ele era um meia-atacante, próximo ao gol, artilheiro. Todos cobravam a presença de um meia de ligação. Era um time que não dava show, mas extremamente eficiente. Assim como hoje, quando só temos um grande craque, Neymar, naquele time só havia um supercraque, Romário, e muitos excelentes jogadores, que, na média, eram melhores que os atuais.

A troca de passes e a posse de bola, que eram as características principais da seleção da Espanha campeã do mundo em 2010, foram algumas das qualidades do time brasileiro em 1994. Por causa disso, as duas seleções davam poucas chances ao adversário.

O interessante é que, mesmo depois do título, nenhum time brasileiro passou a jogar dessa forma, com duas linhas de quatro e dois atacantes (4-4-2), o que só veio a acontecer recentemente, com Mano Menezes, no Grêmio, e Tite, no Corinthians, campeão mundial. Hoje, a maioria das equipes brasileiras joga de forma parecida, com a diferença de que, em vez de dois atacantes, há um meia pelo centro, ofensivo, e um centroavante (4-2-3-1).

Na Copa de 1994, o Brasil foi campeão na cobrança de pênaltis, na final contra a Itália, em um jogo morno, em parte por causa do excessivo calor do meio-dia, no auge do verão da Califórnia. Um time esperava o outro, e pouco acontecia. Baggio, o segundo melhor do Mundial, depois de Romário, chutou sua cobrança nas nuvens. Parreira, treinador, e Zagallo, supervisor, se davam muito bem. Parreira, preparador físico em 1970, tinha muita admiração por Zagallo, com quem aprendeu muitos detalhes técnicos de um jogo. Zagallo servia de anteparo, como um protetor de Parreira, bastante criticado.

Nessa Copa, Maradona brilhava intensamente, até que, depois de um jogo, foi flagrado no exame antidoping, que detectou o uso de substâncias para emagrecer, que são estimulantes do sistema nervoso central. Antes do Mundial, ele tinha perdido dez quilos em pouco tempo. Após cumprir quinze meses de suspensão, Maradona nunca mais foi o mesmo.

A Nigéria encantou a todos em 1994, com vários excelentes jogadores (Okocha, Kanu e outros) e um lindo futebol, de muita habilidade, troca de passes e eficiência. Dava show, mas começou a enfeitar. Chegou a estar ganhando de 1 a 0 da Itália, até os 43 minutos do segundo tempo, quando Baggio empatou o jogo e depois, na prorrogação, marcou de pênalti e eliminou os nigerianos. A seleção nigeriana era formada quase que inteiramente pelo mesmo time que seria campeão olímpico em 1996, quando derrotou as seleções olímpicas do Brasil (com Ronaldo, Rivaldo e outros craques), na semifinal, e da Argentina, na decisão. No jogo contra o Brasil, eu estava presente no estádio Stanford, em Athens, nos Estados Unidos, trabalhando pela tv Bandeirantes.

Na época, entusiasmado com os nigerianos, imaginei e disse que havia uma grande chance de uma seleção africana se tornar, em dez ou vinte anos, um habitual candidato ao título mundial. Enganei-me. Foi apenas uma geração, única. Além disso, o futebol africano, que era de muita habilidade e improvisação, lembrando o futebol sul-americano das décadas de 1950 e 1960, tornou-se, com o tempo, um futebol feio, violento, excessivamente pragmático e sem criatividade. Perderam a habilidade e não ganharam um padrão de jogo coletivo. Parecem times ingleses da segunda divisão. Provavelmente, uma das razões foi que, a partir de 1994, houve uma importação maciça de treinadores europeus para a África, todos de segundo nível. Mesmo assim, alguns jogadores brilharam — e ainda brilham — intensamente nas grandes equipes europeias. Mas são poucos. Se fizessem uma única seleção africana, poderia ser um ótimo time.

Os africanos e asiáticos, que pintaram como grandes promessas tempos atrás, não foram para a frente. Quem mais evoluiu foram as seleções com pouco prestígio de alguns países das Américas, como Chile, Colômbia e Equador, além de México, Estados Unidos e Costa Rica.

Os Estados Unidos evoluíram muito e são adversários difíceis para as grandes seleções, mas a previsão que fizeram algum tempo atrás, de que, no Mundial de 2018, seriam candidatos ao título, não vai acontecer. Os norte-americanos dominam a parte tática, o jogo coletivo, mas faltam os jogadores excepcionais.

O nível técnico da Copa de 1994 não foi brilhante, mas foi melhor que o do Mundial de 1990, que teve o menor número de gols da história das Copas. Foi também o início de mudanças importantes no futebol. Na competição, pela primeira vez, a vitória passou a valer três pontos. Isso não significa que os times passaram a jogar mais no ataque, pois muitos técnicos, mesmo hoje, acreditam que a melhor maneira de vencer é não levar gols e tentar fazer um. Alguns defendem a ideia de uma nova mudança, a de acabar com o ponto ganho no empate.

A volta da seleção brasileira da Copa de 1994 ficou conhecida como a viagem das muambas, pela quantidade absurda de bagagem trazida dos Estados Unidos — um jogador do Brasil trouxe até uma cozinha completa. Ninguém passou pela alfândega. Um desrespeito às leis. Pessoas famosas, do esporte ou de outras áreas, acham que têm mais direitos que o cidadão comum.

Apesar de minha timidez diante das câmeras, de engolir o final das palavras — como é frequente entre os mineiros — e de achar que sempre deixava de falar algo mais importante, além de me criticar por não usar as palavras corretas em uma análise rápida na TV, gostaram muito de minha participação nos programas diários e nas transmissões ao vivo. Depois da Copa, recebi uma proposta da TV Bandeirantes para continuar. Durante um tempo, tentei conciliar meu trabalho de médico com algumas participações na televisão. Percebi que não dava para fazer bem as duas coisas. Ficava dividido e precisava tomar uma decisão.

Em 1997, depois de pensar muito, resolvi largar a medicina e aceitar o convite. Vários motivos determinaram minha decisão. Descobri que ainda adorava futebol e que ganharia umas vinte vezes mais do que recebia como professor da Faculdade de Ciências Médicas, em tempo integral. Outra razão era que, por ser muito detalhista e preocupado com tudo o que acontecia na enfermaria em que trabalhava e pela angústia de ver a morte de perto, eu estava mais tenso e com a pressão arterial aumentada. Isso me preocupava. Outro motivo é que o ensino e o hospital da Faculdade de Ciências Médicas estavam muito distantes do que eu considerava ideal. Lá eu era, ao mesmo tempo, médico e professor. Como o hospital dependia de recursos do governo, eu tinha o compromisso de atender, com os alunos, um grande número de pacientes, como acontece no Sistema Único de Saúde (hoje é ainda pior), e, ao mesmo tempo, ensinar na faculdade. Era ruim para o paciente e para os alunos. Sentia-me conivente com a situação. Dizia aos alunos que o ideal seria fazer tal coisa, mas que teríamos de fazer o que era possível, pela falta de maiores recursos do hospital.

Se eu tivesse sido professor da Universidade Federal, que era meu desejo, provavelmente não voltaria ao futebol. Teria uma carreira universitária, o que não era possível na Faculdade de Ciências Médicas. Logo depois que terminei a residência de clínica médica, no Hospital das Clínicas, fiz concurso para professor da UFMG, que era muito disputado. Havia quatro vagas, e eu fiquei em quinto lugar, por frações de pontos. Achava que merecia ter passado. Disseram-me que era certa minha efetivação, porque o concurso valia por dois anos e, certamente, surgiria uma vaga. Próximo de terminar o prazo, fui avisado que seria contratado, fiz exames médicos e, para minha decepção, avisaram que o governo tinha suspendido todas as contratações, mesmo se houvesse vagas. Durante um longo tempo, não houve mais concursos, e esqueci essa possibilidade. Na época, fiquei desconfiado e imaginei, sem ter certeza, que a banca examinadora, formada por professores competentes e sérios, dificultou minha aprovação, com receio de que alguém insinuasse que eu teria sido beneficiado por ser famoso. Anos atrás, fui homenageado pela UFMG, junto com outros ex-alunos que se destacaram em suas atividades profissionais.

Se tivesse passado no concurso, hoje eu certamente seria um professor ativo ou aposentado, um doutor, com cursos de mestrado e doutorado. Talvez andasse de avental branco e comprido. Não sei se estaria mais contente e melhor do que estou hoje. Como na passagem de jogador para médico, perdi e renasci com o retorno ao futebol. Fiz o caminho inverso. Todo encontro é um reencontro, com o que vivemos, imaginamos, sonhamos, deixamos de viver ou com o que perdemos.

Muitas coisas que desejamos não conseguimos. Outras, que temos, estamos sempre perto de perdê-las. Por muito pouco, muitos "quases", por instantes fugazes e por acasos, a vida muda, ganhamos e perdemos. Quase não fui à Copa de 1970 por causa de um descolamento da retina. Quase não fui titular porque Zagallo achava, inicialmente, que o time teria de ter um típico centroavante. Quase deixei a medicina e me tornei psicanalista, após fazer minha análise pessoal e o curso de formação de psicanálise. Quase fui campeão do mundo em 2002, como diretor técnico, se tivesse aceitado o convite da CBF. Quase joguei na Itália, se na época não houvesse a proibição de contratar estrangeiros. Quase não fui médico, se não tivesse tido a contusão no olho. Quase não volto ao futebol, se tivesse sido professor da UFMG. Tive muitos outros "quases" na vida. "Viver é um descuido prosseguido" (João Guimarães Rosa).

# 11. Convulsão ou piti

Os últimos vinte anos, especialmente após a Copa de 2002, foram de tentativa de conciliação — que persiste até hoje e que nunca vai acabar — entre o estilo de jogo predominante no período de 1954 a 1974, de mais improvisação, habilidade e fantasia, e o dos vinte anos seguintes, de 1974 a 1994, de mais organização, disciplina tática, força física, planejamento e jogadas ensaiadas. De 2002 para cá, surgiram grandes mudanças na maneira de se jogar futebol na Europa, não acompanhadas pelo futebol brasileiro.

Apesar da queda técnica do futebol brasileiro nos últimos vinte anos, tivemos grandes equipes, como o Palmeiras de 1996, dirigido por Vanderlei Luxemburgo, que tinha Rivaldo, Djalminha e outros craques. O Brasil teve também times campeões do mundo, como o Corinthians de 1998, o Grêmio de 2000 e o São Paulo de 2002 e de 2003. Nessa época, não havia diferença técnica entre os principais times europeus e brasileiros. Com o tempo, houve um distanciamento progressivo nessa comparação. A vitória do Inter sobre o Barcelona, em 2006, foi uma grande zebra. O

São Paulo, campeão do mundo em 2005 contra o Liverpool, foi também uma surpresa. Já o triunfo do Corinthians sobre o Chelsea, em 2012, foi diferente, já que o time brasileiro era muito superior aos outros do país, e o Chelsea não representava, naquele momento, o que havia de melhor entre os times europeus. Hoje, a diferença técnica entre os melhores times brasileiros e da América do Sul e os maiores da Europa é enorme.

Esse período foi de enorme desenvolvimento da tecnologia, da internet, do aumento dos grandes negócios e do marketing esportivo, da glamorização das celebridades e também das propinas e da corrupção, escancarada recentemente pela polícia federal norte-americana com a prisão de dirigentes da Fifa, de confederações e de executivos do marketing esportivo. O enorme poder político e financeiro da Fifa começou com o brasileiro João Havelange, em 1974. Até então, desde 1956, ele tinha sido presidente da antiga CBD, e depois presidiria a Fifa por 24 anos. Em 1998, foi sucedido pelo suíço Joseph Blatter, que era o secretário-geral e homem de confiança de Havelange. Recentemente, Blatter, presidente da entidade até 2015, Michel Platini, ex-craque francês e ex-presidente da Uefa, e Jérôme Valcke, ex-secretário-geral da Fifa, foram suspensos pelo Comitê de Ética da Fifa por muitos anos. João Havelange morreu aos cem anos, em 2016.

Em 1996, na Olimpíada de Atlanta, assisti a todos os treinos e jogos da seleção olímpica brasileira, trabalhando pela TV Bandeirantes. Achava emocionante e tenso entrar ao vivo nos principais programas de noticiário da emissora. Não podia gaguejar nem falar besteira. Além da derrota para a Nigéria na semifinal, o Brasil, que tinha um time com grandes craques, perdeu na fase de grupos para o Japão, que era ainda muito pior do que hoje.

Na véspera da partida contra os japoneses, encontrei-me com Ernesto dos Santos, que era olheiro e observador da Seleção desde os anos 1960 — um verdadeiro espião, já que ninguém o via. Por acaso, nos vimos no hotel, tomamos um café, e ele me mostrou tudo o que tinha informado a Zagallo, técnico na Olimpíada de 1996 e na Copa de 1998. Milhões de setas, com movimentação dos japoneses, se cruzavam no papel. Ele tinha detalhes de tudo. Mas no jogo foi um fiasco — não por culpa dele, obviamente. Dida e Aldair trombaram, e a bola sobrou para o japonês empurrar para as redes.

Depois da partida, perguntei a Dida, um dos maiores goleiros da história do futebol brasileiro, se ele não deveria atuar um pouco mais fora do gol, para chegar antes do atacante, como faz hoje a maioria dos grandes goleiros. Dida me olhou com certo desprezo, não disse nada, como é seu jeito, e foi embora.

Em 1997, no Torneio da França, de preparação para a Copa de 1998, eu estava em Lyon. Vi um belíssimo jogo da seleção brasileira contra a Itália (3 a 3), com um gol espetacular de Romário e outro de Ronaldo, os dois maiores centroavantes da história do futebol brasileiro. Pena que jogaram juntos por pouco tempo. Romário foi cortado da Copa de 1998, poucos dias antes do início, por causa de uma contusão. Na época, ele disse que havia sido por decisão de Zico, diretor técnico, que queria prejudicá-lo. Zico tinha sido convidado pelo então presidente da CBF Ricardo Teixeira, contra a vontade do técnico Zagallo, que teve de engoli-lo.

Eu ainda estava na TV Bandeirantes e, em Lyon, encontrei-me com José Trajano, a quem já conhecia e que comandava a ESPN Brasil, emissora com poucos anos no ar na época e da qual eu gostava muito. Fui jantar com Trajano e disse a ele: "Quero trabalhar com vocês. É meu lugar". Na volta, desliguei-me da Bandeirantes e fui para a ESPN Brasil. Trajano é uma pessoa generosa, transparente e espontânea.

Ele gostava de brincar que eu não era Tostão, o ex-jogador, e sim um impostor, por não lembrar a fisionomia do atleta nem ter o comportamento habitual de um ex-craque, campeão do mundo. Logo no início, foi criado um programa de entrevistas para eu fazer, *Um Tostão de Prosa*. Conversei com um grande número de pessoas importantes no esporte e com vários escritores e poetas, que gostavam e entendiam de futebol. Viajei para a Europa, no início de 1998, para entrevistar os jogadores brasileiros que estariam na Copa, como Romário, Ronaldo, Roberto Carlos, Cafu e outros. Em Porto Alegre, encontrei-me com Luis Fernando Verissimo, um de meus ídolos da crônica. Eu fazia uma pergunta, e ele, conhecido por sua sisudez, respondia com apenas uma frase. Eu nunca sabia se ele já tinha terminado a resposta. Tempos depois, Verissimo foi ao programa do Jô Soares, que disse a ele: "Vi sua entrevista com Tostão. Vocês começaram calados e terminaram mudos. Foi uma ótima e silenciosa entrevista".

Fui a Valência, na Espanha, onde Romário atuava na época. Cheguei ao treino, e ele estava ausente, por contusão. Depois, disse-me que não tinha nada, que apenas se recusava a fazer aquele tipo de treinamento, em que cada atleta ficava jogando a bola para o outro com as mãos. Romário dizia que aquilo não era futebol e que gostava de treinar apenas o que faria no jogo. Vi isso em várias outras ocasiões, durante treinamentos da Seleção. Era uma mistura de malandragem com sabedoria.

No dia seguinte, houve um treino coletivo, tradicional, e Romário estava lá. Ele dominou uma bola na entrada da área, com um zagueiro à sua frente e o goleiro adiantado, atrás do zagueiro. Romário levantou a bola com um pé e, com o outro, jogou-a por cima dos dois e fez o gol. Depois, Romário me disse que o famoso técnico Claudio Ranieri chamou sua atenção: "Não gostei, porque não dá para fazer isso no jogo". Romário me contou que falou a ele: "Você não me conhece". Claudio Ranieri, um técnico com uma longa carreira de altos e baixos, foi o treinador do Leicester, campeão inglês na temporada 2015-6, uma das maiores surpresas da história do futebol mundial, por ser um campeonato de pontos corridos e que tinha vários dos principais times do mundo.

Em dezembro de 1997, fui para a França com José Trajano e a equipe da ESPN Brasil, para fazer a cobertura do sorteio dos grupos da Copa de 1998. Em Paris, entrevistei meu ídolo Chico Buarque, em uma praça ao lado de onde ele morava. Sempre que vem a Belo Horizonte, encontro-o para jantar, junto com sua equipe.

Na entrevista, enquanto eu perguntava e citava trechos de suas mais belas canções, Chico queria falar do presente, das músicas novas e de sua carreira de escritor, no que é também um cracaço. Entendo-o, porque, quando me entrevistam, gosto mais de falar sobre meus conceitos atuais de futebol do que de minha carreira de atleta. Eu e o colunista Fernando Calazans participamos de uma conversa sobre futebol com Chico, que faz parte de um de seus DVDs.

Após a entrevista, Chico convidou toda a equipe da ESPN para ir a seu apartamento para tomar um café, feito por ele. Na esquina da praça onde fizemos a entrevista, havia um bar, e a proprietária, uma portuguesa, fã e amiga de Chico, informava a ele, por telefone, sempre que alguém da imprensa aparecia por lá.

No final da década de 1990, trabalhei também na Rede Minas, de Belo Horizonte, que faz parte do grupo da TV Cultura. Eu tinha um programa de entrevistas, em que fazia comentários técnicos. Na época, começava a internet. Horas antes do programa, eu fazia vários desenhos táticos e colocava imagens em cada um. Dava um trabalho enorme. Hoje, com apenas um toque em um botão, os comentaristas de televisão mostram inúmeras imagens em movimento do comportamento tático dos jogadores e das equipes.

Após a Copa de 1994, passei a assistir a muitos jogos internacionais, para conhecer melhor os jogadores e as seleções. Nesse período, vi a França jogar, e todos só falavam em Djorkaeff, craque do time. Quando vi o jovem Zidane, fiquei arrepiado com sua técnica, classe e elegância. Zidane se tornou um dos maiores jogadores da história, e Djorkaeff sempre foi Djorkaeff, apenas um bom jogador.

Na Copa de 1998, trabalhando pela ESPN Brasil, acompanhei todos os treinos e jogos da seleção brasileira. Eu, o repórter André Kfouri, um cinegrafista e um produtor ficamos hospedados na pequena cidade de Lésigny, a quarenta quilômetros de Paris. Falava ao vivo para o Brasil, via satélite, e tinha um horário exato para começar e para acabar. Hoje, quase tudo pode ser feito pela internet. Vários dias por semana, após o treino da tarde, eu ia a Paris para participar do programa diário *Linha de Passe*. Dormia em Paris e voltava no outro dia, pela manhã.

Na Copa de 1970, fiquei impressionado com o trabalho de Zagallo, pois, pela primeira vez, vi um técnico dar treinos táticos detalhados. Em 1998, 28 anos depois, os treinos eram idênticos para situações bem diferentes. Não sei se Zagallo desconhecia a evolução do futebol ou se fazia isso por repetição, por achar que o que deu certo um dia deveria ser repetido — um problema que acomete profissionais de todas as áreas.

Durante o período de treinamentos, a Seleção fez um amistoso em Bilbao, na Espanha, contra o Athletic Bilbao. Na véspera, na porta do vestiário do Brasil, estava escrito: "Brasil Nike". Tempos depois, houve uma Comissão Parlamentar de Inquérito (CPI) no Congresso Nacional sobre as relações da Nike com a CBF. Não deu em nada. Na ocasião, Juca Kfouri, José Trajano e eu fomos os primeiros convidados para falar sobre o mundo do futebol. Havia suspeitas, mas não tínhamos nenhuma prova sobre falcatruas na relação comercial da empresa com a CBF. Os deputados estavam mais interessados em opiniões técnicas, fofocas, se a Nike tinha vendido a final e obrigado o Brasil a perder da França (uma paranoia que se tornou coletiva), sobre quem deixou de marcar Zidane nos escanteios e outras besteiras sem importância para uma CPI. Recentemente, Ricardo Teixeira foi denunciado pelo FBI e pela justiça norte-americana por ter recebido propina, junto com o empresário José Hawilla, dono da Traffic, no contrato da CBF com a Nike.

Em 1998, a Seleção mostrava, nos treinamentos, uma desorganização e uma indefinição na maneira de jogar. Chegou à final porque tinha dois supercraques, Ronaldo e Rivaldo, que brilharam intensamente no Mundial, exceto na decisão contra a França. O time dependia também do avanço dos dois ótimos laterais, Cafu e Roberto Carlos. Os dois foram, durante uns dez anos, disparadamente, os melhores laterais do mundo. Eram os únicos muito bons na marcação e no apoio, especialmente Roberto Carlos. Cafu não tinha grande talento, mas tinha muita força física e, mesmo em um amistoso, jogava o máximo que podia. Por causa dos dois, todos os times brasileiros passaram a jogar com laterais que avançavam. A maioria corria e se limitava a cruzar a bola na área.

No jogo entre Brasil e Noruega, o árbitro marcou um pênalti de Júnior Baiano que ninguém viu, nem com as imagens das televisões de todo o mundo, com exceção do repórter André Kfouri, que estava atrás do gol. À noite, no programa *Linha de Passe*, André narrou o que tinha visto, e achamos que ele tinha enxergado demais. No outro dia, surgiram as imagens de uma TV sueca, claras, mostrando Júnior Baiano puxando a camisa do norueguês.

Na transmissão de um jogo do Brasil, cometi uma gafe ao vivo. O zagueiro Júnior Baiano, como era frequente, dominou uma bola, tentou driblar e perdeu, e quase sai o gol do adversário. Imediatamente, sem pensar, falei que ele tinha cometido uma "baianada", uma expressão que ouvia desde criança e que era comum no futebol. Na época, a internet começava a se popularizar. Recebi um e-mail de protesto de um baiano. Se fosse hoje, provavelmente, milhares de pessoas me criticariam nas redes sociais. Eu teria de me retratar.

Ronaldo foi eleito o melhor jogador do mundo em 1996, 1997 e 2002. Ele foi realmente um fenômeno, um dos maiores da história do futebol mundial. Tinha muita habilidade, muita técnica, muita criatividade, muita velocidade e finalizava muito bem. Fez gols fantásticos. Partia da intermediária, driblando em grande velocidade, em direção ao gol. O interessante é que Ronaldo fazia pouquíssimos gols da maneira mais comum entre os centroavantes, que é se antecipando aos zagueiros, nas bolas cruzadas, pelo alto e pelo chão. Foram raros seus gols de cabeça. Se não fossem as várias e graves contusões, teria sido ainda melhor, mais espetacular.

Em um dos programas diários do *Linha de Passe*, estavam presentes Chico Buarque, Luis Fernando Verissimo e Reali Júnior, que era correspondente do jornal *O Estado de S. Paulo* na França e participava diariamente do programa. Juca Kfouri e José Trajano, que eram também do *Cartão Verde*, da TV Cultura, estavam juntos. Milton Leite, hoje narrador da Rede Globo e do SporTV, era apresentador e narrador da ESPN.

Na França, não havia o entusiasmo e a festa de uma Copa do Mundo, como seria na Alemanha em 2006 — para comparar países da Europa —, nem foi um Mundial tão parado e sem nenhuma empolgação, como o anterior, nos Estados Unidos. Lembro que, em Paris, na porta do hotel em que estávamos, encontrei uma brasileira que tinha ido assistir à Copa. Ela dizia, decepcionada, dias antes de começar o torneio: "Onde está a festa?". Ela imaginou que haveria desfiles nas ruas, foguetes, trios elétricos. A festa foi só depois do jogo contra o Brasil, na final, com uma grande multidão na avenida Champs-Élysées.

Durante a Copa, como alguns jogos da seleção brasileira eram em cidades distantes de Paris e tínhamos de voltar depois da partida para participar do *Linha de Passe*, retornávamos em um pequeno avião. Durante o trajeto, aproveitava para escrever minha coluna para o *Jornal do Brasil*, para *O Estado de S. Paulo* e para o *Estado de Minas*. Escrevia somente após os jogos do Brasil. Quando o avião descia no aeroporto de Orly, muito distante do centro de imprensa, pegávamos um táxi e, no caminho, eu ditava o texto, pelo celular, a alguém na redação do *Jornal do Brasil*, que retransmitia aos outros jornais. Na época, eu dava muito mais importância ao meu trabalho diário na televisão.

Comecei a escrever em jornais no *Diário da Tarde*, a versão popular do *Estado de Minas*, em 1996. Fui convidado pelo jornalista Teodomiro Braga. Depois, passei para o *Estado de Minas* e, novamente por indicação de Teodomiro, a coluna passou a ser publicada pelo *Jornal do Brasil*, que a repassava ao *Estadão*. Em 1999, saí do *Estadão* e fui para a *Folha de S.Paulo* e, anos depois, migrei do *Estado de Minas* para o jornal *O Tempo*, também de Minas Gerais e mais uma vez a convite de Teodomiro Braga. Hoje, escrevo na *Folha*, n'*O Tempo*, na *Gazeta do Povo*, de Curitiba, e no *Jornal da Tarde*, de Salvador, além de alguns textos esporádicos em outras publicações.

Durante a Copa de 1998, um dos treinos da Seleção terminou mais cedo porque os jogadores e a comissão técnica tinham de comparecer a um evento dos patrocinadores. Na ocasião, o sério capitão Dunga protestou com razão contra esse fato, e depois do Mundial, por causa disso e por outros motivos, falou que o Brasil estava preparado para ser apenas vice-campeão.

No treino da véspera da final, Zagallo, com sua prepotência — e com a prepotência do futebol brasileiro em geral —, disse que o Brasil só perderia para ele mesmo. Todos sabem a história. A França fez sua melhor partida na Copa, a única excepcional, e o Brasil não jogou nada. Zidane fez dois gols de cabeça, um raro acontecimento em sua brilhante carreira. O jogo terminou 3 a 0.

Eu estava no estádio quando ninguém da imprensa entendeu a escalação do Brasil, com Edmundo no lugar de Ronaldo. Logo depois, chegou outra escalação, com Ronaldo de titular. Ele passou mal na concentração, e até hoje ninguém sabe, com certeza, se teve uma convulsão ou uma síndrome de conversão psicomotora, o popular piti. Segundo alguns jogadores que presenciaram a cena, parecia uma convulsão. Ele foi levado a um hospital para fazer uma tomografia, enquanto os jogadores iam de ônibus para o estádio. Nem a Rede Globo, que tinha uma tenda com toda tecnologia, ao lado da concentração, soube do ocorrido. Foi uma grande "barrigada" da emissora e de toda a imprensa. O exame teria dado normal, o que não é certeza de que não houve uma convulsão. Ronaldo chegou ao estádio, disse que estava bem e que queria jogar, e então foi autorizado pelo médico e confirmado por Zagallo.

Se não havia certeza se Ronaldo teve ou não uma convulsão, ele nunca deveria ter jogado. Quem sofre uma convulsão corre riscos de ter outras no mesmo dia, ainda mais com esforço físico. Independentemente da causa, uma convulsão poderia trazer gravíssimos problemas, até a morte. Por causa da possibilidade de um título, cometeu-se uma grande irresponsabilidade. Além disso, quem tem uma convulsão fica mais cansado do que quem joga duas partidas seguidas. Ronaldo foi mal, como toda a equipe.

Na ocasião, recebi um trabalho, feito por uma conceituada revista médica, que mostrava que muitas crianças e alguns adolescentes tinham tido convulsões por ficarem muito tempo brincando em videogames. Como Ronaldo, segundo dizem, tinha esse hábito, fiquei com essa dúvida. As chances de ele ter sofrido algo parecido são muito pequenas, ainda mais porque já era adulto.

Como nunca mais houve nenhum relato de Ronaldo ter tido outros problemas parecidos nem de ter tomado medicamento para evitar outras crises, tudo indica que não foi uma convulsão, e sim um distúrbio emocional. Isso mostra que mesmo os grandes atletas vencedores vivem uma instabilidade e uma fragilidade emocional, por causa da pressão de jogarem bem e de serem os grandes protagonistas, ainda mais em uma final de Copa do Mundo. No Mundial de 2014, nos pênaltis contra o Chile, o capitão Thiago Silva, em vez de ajudar os atletas tensos, chorou e nem olhou para as cobranças.

Provavelmente, Ronaldo também não sabe o que teve. Senti falta, durante todos esses anos, de uma profunda matéria investigativa sobre o assunto. O mistério continua e parece que ficará para sempre.

# 12. A volta por cima

Trabalhei na televisão durante uns cinco anos — mais ou menos três na TV Bandeirantes e dois na ESPN Brasil, além da Rede Minas. Nesse período, ia todas as semanas para São Paulo, onde ficava alguns dias. Com frequência, viajava para comentar partidas ao vivo, no local do jogo ou no estúdio. Incomodavam-me as várias viagens, as hospedagens em hotéis, os atrasos nos aeroportos e os grandes engarrafamentos que pegava em São Paulo para chegar à emissora. Apesar de trabalhar em uma TV fechada, com pouca audiência (hoje é muito maior), sentia-me, ao aparecer na televisão, mesmo falando sobre futebol, como se fosse invadido em minha privacidade. Esse foi um dos motivos de eu não ter aceitado alguns convites que recebi da Rede Globo, por causa de sua enorme audiência. Não gostava também da formalidade da emissora (hoje é menor).

Por tudo isso, e também porque queria mudar de vida, resolvi, em 1999, sair da televisão e me dedicar mais às minhas colunas. Na televisão, ganhava muito mais. Mudei do *Estadão* para a *Folha*, jornal que gostava mais de ler e que era — e continua sendo — o mais lido no Brasil. Mudei também de um apartamento, em um bairro próximo ao centro de Belo Horizonte, para uma casa nos arredores da cidade, em um condomínio, ao lado de muita área verde, de pequenos animais e de minha cachorra Lambreca. Anos depois, ela ficou diabética e morreu. Tenho saudade de seu olhar de interrogação, de falta, de total humildade. Adorava morar naquela casa, onde fiquei onze anos. Tinha também a companhia de pessoas queridas que, com frequência, me visitavam. Via os jogos pela televisão, acompanhava todos os noticiários esportivos e escrevia minhas colunas. De vez em quando — o que depois se tornou mais raro —, ia aos estádios para ver os jogos. Em casa, pela TV, perdia alguns detalhes táticos, por exemplo, ver de que forma uma defesa está posicionada quando seu time está no ataque. Mas podia deduzir o que acontecia quando a equipe perdia a bola e sofria o contra-ataque. Muitas coisas, no futebol e na vida, não enxergamos, mas deduzimos. Além disso, na televisão, vejo muito mais jogos em um mesmo dia, tenho muito mais informações e aprendo com os comentários dos jornalistas que aprecio. Por ter sido um jogador que gostava e prestava atenção no jogo coletivo e por ter sido comentarista, adquiri a prática de enxergar os detalhes pela televisão, ainda mais que as transmissões passaram a mostrar uma visão muito mais ampla do conjunto, além das repetições de detalhes.

Sou um colunista que tenta escrever de uma maneira concisa, clara e direta. Quando jogava, também era conciso. Às vezes, exagero no didatismo e nas explicações óbvias. Fico contente quando recebo elogios de pessoas de níveis intelectuais bem diferentes, apesar de já ter sido criticado por um escritor. Ele deve ter construído uma imagem errada de que eu era um intelectual, um erudito, e ficou decepcionado. Há leitores que gostam mais de minhas divagações fora do futebol e outros que gostam mais de minhas explicações técnicas e táticas. Gosto do estilo literário, mas tenho compromisso com a realidade do jogo. Há, ainda, os que gostam dos dois estilos e os que não gostam de nenhum dos dois.

No final dos anos 1990, esteve em minha casa uma pessoa ligada ao São Paulo, para ver se eu aceitaria uma proposta do clube para ser diretor técnico. Disse que não. Fui também sondado para ser treinador do Cruzeiro. Recusei novamente. Quase me tornei dirigente esportivo ou treinador. Foram outros "quases" em minha vida.

Depois da Copa de 1998, Vanderlei Luxemburgo assumiu o comando da Seleção. Teve ótimos e maus momentos. Acabou dispensado, após a eliminação do Brasil na Olimpíada de Sydney, em 2000, quando perdeu para Camarões, que atuou em grande parte do jogo com nove jogadores. O Brasil tinha dois craques, Ronaldinho e Alex, além de Lúcio e outros bons atletas. No lugar de Luxemburgo, entrou Emerson Leão, que ficou pouco tempo.

Fiz uma entrevista com Luxemburgo para a ESPN Brasil, no programa *Um Tostão de Prosa*. Fui à sua casa em Santos, onde ele era treinador. Na entrada da casa, havia um corredor e, no fundo, uma parede com um imenso quadro com o técnico todo maquiado. Quem entrava era obrigado a vê-lo. Nunca vi tanta vaidade e breguice.

Alex não se destacou na Seleção porque, na época, disputava a posição com Ronaldinho e Rivaldo, que se tornaram melhores jogadores do mundo. Incompreensível foi Felipão preferir Juninho Paulista a Alex na Copa de 2002. Muitos não entenderam também a grandiosidade do talento de Alex. Assim como os grandes pintores impressionistas iam para os campos abertos à espera do brilho ideal da luz para fazer suas obras-primas, Alex esperava o momento certo do jogo para mostrar seu talento. Quando não brilhava, diziam que era um vaga-lume, que acendia e apagava. Muito pior são os que estão sempre acesos e nunca brilham.

O ano de 2001 foi o do maior atentado terrorista da história, quando duas aeronaves colidiram com as Torres Gêmeas do World Trade Center, em Nova York. Um terceiro avião se chocou com o Pentágono, em Washington, e um quarto foi abatido antes de atingir o alvo. Em 2002, Lula foi eleito presidente do Brasil, sendo reeleito em 2006.

Em 2001, fui convidado por Ricardo Teixeira, depois da dispensa de Leão, para ser o diretor técnico da Seleção. Primeiro, fui contatado por um intermediário, um jornalista. Na hora, sabia que não aceitaria, mas fiquei curioso. Na ocasião, Ricardo Teixeira me disse que eu escolheria o técnico. Perguntou se eu gostava de Levir Culpi. Respondi que não era técnico para uma Copa do Mundo. Hoje, não diria o mesmo. Na época, pensei, sem dizer a Ricardo Teixeira, que o técnico teria de ser Felipão. Fiquei com vontade de aceitar, pelo desafio, pela vaidade de ocupar uma posição de destaque no futebol, por me considerar capaz de fazer um bom trabalho e por ter a chance de ser campeão do mundo em outra função. Mas não aceitei. Não me sentiria bem, pois era um cargo de confiança de Ricardo Teixeira, a quem eu criticava com frequência e por quem não tinha nenhuma admiração, e também porque já havia muitas suspeitas de falcatruas na CBF. Fiquei também na dúvida se o gesto dele tinha motivos técnicos ou se servia apenas para agradar à imprensa e ao público, como tinha feito com Zico na Copa de 1998.

Felipão assumiu a Seleção durante as Eliminatórias da Copa do Mundo de 2002, que pela primeira vez seria disputada em dois países, Coreia do Sul e Japão. Na época, ele era técnico do Cruzeiro. Logo depois de ser convidado, entrevistei-o para minha coluna. Ele e sua família me receberam muito bem em seu apartamento em Belo Horizonte. Entre outras coisas, Felipão mostrou uma grande admiração pela maneira de jogar da Argentina, que na época era dirigida por Marcelo "El Loco" Bielsa e acabou como primeira colocada nas Eliminatórias, com um grande futebol. A Argentina atuava de uma forma diferente de todas as outras equipes do mundo, com uma linha de três zagueiros, outra de três (dois alas e um volante) logo à frente, um meia de ligação bastante ofensivo e outra linha de três atacantes (3-3-1-3). Guardiola, que no início de sua carreira como treinador foi à Argentina conversar com Bielsa, muitas vezes escalava o Barcelona dessa maneira. Sampaoli costumava fazer o mesmo na seleção chilena. A seleção argentina entrou como uma das grandes favoritas na Copa de 2002 e, surpreendentemente, foi eliminada na primeira fase.

Após o Brasil ser derrotado por México e Honduras e acabar eliminado da Copa América, critiquei Felipão, e ele ficou bravo comigo. Chegou a dizer, publicamente, de forma grosseira e ofensiva, que eu tinha ficado com medo de aceitar o convite da CBF para ser o diretor técnico. Nem por isso deixei de elogiá-lo quando mereceu. Penso que ele, depois de me tratar tão bem em sua casa, achou que eu seria condescendente com seus erros no comando da Seleção. Esse fato solidificou ainda mais minha convicção de evitar aproximações com quem critico ou elogio. Perco a informação mas não perco a independência.

O Brasil precisou vencer o último jogo das Eliminatórias, contra a Venezuela, para se classificar para a Copa de 2002. A Seleção não tinha Ronaldo, contundido, e o jovem Ronaldinho Gaúcho, então jogador do Paris Saint-Germain, era reserva. Os atacantes titulares eram Luizão e Edílson, ótimos jogadores em seus clubes, mas modestos para uma seleção brasileira.

Felipão foi muito criticado por não convocar Romário. Na época, concordei com o técnico. Romário tinha frequentes contusões e não era mais o grande craque de antes. Vivia de lances isolados. Além disso, como Felipão acreditava que Ronaldo e Rivaldo estariam bem no Mundial, achava mais seguro não levar Romário, porque teria de deixá-lo na reserva, o que poderia trazer problemas. Sempre que o time não jogasse bem, todos pediriam a presença de Romário. Felipão já sonhava com os três "erres" no ataque (Ronaldo, Rivaldo e Ronaldinho).

Antes da Copa de 2002, o Brasil ficou uns vinte dias hospedado em um hotel em Ulsan, na Coreia do Sul, em meio a jornalistas e até outros hóspedes comuns. Eu também estava lá, com a equipe da *Folha de S.Paulo*. A Seleção ocupava dois andares do hotel e tinha um restaurante próprio. Apesar de achar que o melhor para uma seleção é ficar em um hotel privativo, o fato mostra que isso não é tão importante. O Brasil ganhou e perdeu várias Copas das duas maneiras.

Todos os dias, pela manhã, por "coincidência", no mesmo horário que começava o *Jornal Nacional*, da Rede Globo (havia um fuso horário de doze horas), os jogadores desciam pelo elevador, caminhavam pelo hall do hotel até o ônibus que os levaria para o treinamento e eram entrevistados, ao vivo, por Fátima Bernardes. Dos treinadores das seleções das últimas Copas — Zagallo (1998), Felipão (2002 e 2014), Parreira (2006) e Dunga (2010) —, o único que não favoreceu a Rede Globo foi Dunga. Ele tratou mal a todos, igualmente. Isso não diminui a competência dos jornalistas e a organização e eficiência da cobertura da Rede Globo.

Na Coreia do Sul, fiquei impressionado com o desenvolvimento social e tecnológico do país e com o nível de educação da população. Depois que fomos para o Japão, os jornalistas brasileiros diziam que os recursos tecnológicos da Coreia do Sul eram melhores que os dos japoneses — o que foi, para mim, uma grande surpresa. Uma das razões seria que a Coreia do Sul, recém--desenvolvida, tinha o que havia de mais moderno em tecnologia, enquanto o Japão, um dos países mais adiantados do mundo e que mais precocemente se desenvolveram nessa área, ainda usava recursos mais antigos.

A Seleção treinava todos os dias em um campo de uma escola pública. O gramado era perfeito. Na época, não havia um único gramado no Brasil que se comparasse ao daquela escola. Até hoje, não entendo a razão de os gramados da Europa e da Ásia, mesmo os de treinamento, serem tão perfeitos, e os do Brasil, tão ruins. Isso melhorou muito com os estádios da Copa de 2014, mas muitos deles já estão com problemas. Gramados bons são essenciais para se jogar um bom futebol.

Eu e o fotógrafo da *Folha*, Eduardo Knapp, viajamos até Seul para fazer a cobertura do jogo inaugural da Copa, entre França, campeã do mundo, e Senegal. A seleção francesa perdeu e foi eliminada na primeira fase. Zidane, com muitos problemas físicos, jogou apenas a primeira partida. Isso tem acontecido cada vez mais em Copas do Mundo, pois o tempo entre o término dos campeonatos nacionais e o início da Copa é muito curto, e alguns craques acabam ficando ausentes ou não jogam em suas melhores condições. É o que viria a ocorrer com Cristiano Ronaldo na Copa de 2014, no Brasil.

No dia do jogo de abertura, Eduardo Knapp amanheceu com uma febre muito alta e com a garganta bastante inflamada. Mesmo assim, viajamos de Ulsan a Seul, local da partida. Eu o examinei e dei a ele alguns antibióticos que tinha e outros remédios para baixar a febre. Chegamos a Seul e fomos direto para o estádio. A febre baixava com medicamentos, mas subia logo depois. No jogo, com chuva, fiquei no espaço reservado à imprensa escrita, e o fotógrafo lá embaixo, no gramado. Olhava para o jogo e para ele. De vez em quando, ele se sentava em um canto e, o que era uma grande novidade na época, enviava imediatamente a foto para a redação via internet. Por causa do enorme computador, os fotógrafos carregavam muito mais peso do que antes. Depois do jogo, dormimos em um hotel, e a febre não baixava. Eu, como médico, estava preocupado. No outro dia, em Ulsan, ele melhorou e deu tudo certo.

Em todas essas Copas de que participei, orientei vários jornalistas brasileiros, pois todos sabiam que eu era médico. Os jornalistas, principalmente os repórteres, trabalham tanto que não têm tempo de pensar na saúde. Já quebrei o galho de alguns. Por saber disso, sempre viajava com uma bolsa de remédios. Os que me deixavam mais preocupado, eu encaminhava a médicos e hospitais.

A Seleção, que nas Eliminatórias não teve Ronaldo, contundido, correu o risco de não ter Rivaldo na Copa de 2002. Ele havia sofrido uma grave contusão e, segundo os médicos do Barcelona, clube em que jogava, não teria condições de atuar. Mas jogou, e muito. Rivaldo e Ronaldo foram os craques do Mundial, muito mais importantes do que a tão elogiada Família Scolari. Ronaldinho foi outro protagonista, mas menos que os dois. Outros jogadores também brilharam, como Marcos, Cafu, Roberto Carlos, Gilberto Silva e Roque Júnior.

Em 1999, no Barcelona, Rivaldo foi eleito o melhor jogador do mundo. Ele foi um craque diferente, desengonçado, pois tinha sempre que ajeitar o corpo para passar a bola do pé direito para o esquerdo, não tinha grande habilidade e, no início de carreira, ninguém esperava que ele se tornasse o melhor jogador do planeta. Por outro lado, tinha uma grande técnica. Minimalista, dominava e finalizava rapidamente, com enorme eficiência. Fazia muitos gols de fora da área. Por causa de seu jeito arredio, avesso às badalações, desconfiado e tímido, Rivaldo era menos elogiado do que merecia. No Barcelona, o técnico holandês Van Gaal o escalava pela esquerda, como um ponta, para aproveitar seus cruzamentos fortes e de curva. Mas Rivaldo fazia mais que isso. Quando a bola estava na direita, ele ia para o centro, recebia e finalizava para marcar o gol. Era um meia artilheiro. Outro fato interessante em sua carreira foi a queda abrupta que teve após o Mundial de 2002. Em 2004, atuou pelo Cruzeiro e parecia um jogador comum. Nunca mais brilhou como antes.

Nos treinos da Seleção, antes da estreia, Felipão tinha um enorme cuidado com Luizão. Parecia que o técnico não acreditava muito que Ronaldo pudesse jogar todas as partidas com eficiência, por causa da grave contusão que tivera no joelho. Felipão armou a equipe no mesmo sistema tático da Argentina, que admirava. O time atuava com os zagueiros Edmílson, Roque Júnior e Lúcio (Edmílson às vezes se tornava um volante), os alas Cafu e Roberto Carlos, o volante Gilberto Silva e o meia Juninho Paulista na ligação com os três da frente, Rivaldo, Ronaldo e Ronaldinho. Ronaldo atuava mais pelo centro, e os outros dois se movimentavam por todo o ataque e ainda voltavam para receber a bola. Na primeira fase, a Seleção foi muito mal coletivamente — ao contrário da equipe argentina em que Felipão se espelhara no período das Eliminatórias. Havia um vazio no meio--campo, pois Roberto Carlos e Cafu jogavam encostados à lateral e Juninho Paulista era mais um quarto atacante. Gilberto Silva ficava sozinho no meio-campo. Já a Argentina — a das Eliminatórias, não a do Mundial — marcava por pressão, e havia poucos espaços entre os setores, o que não acontecia no time brasileiro.

Quando terminou a fase de grupos, Felipão foi criticado, até mesmo por seus amigos gaúchos, pelo sistema tático utilizado. Ele mudou, para melhor, ao trocar Juninho Paulista por Kléberson, um volante que marcava e avançava. O time melhorou, apesar de nunca empolgar coletivamente. Mas os três "erres" da frente brilharam intensamente.

O maior mérito de Felipão na Copa de 2002 não foi a criação da Família Scolari, e sim o fato de ter escalado Ronaldo, Ronaldinho e Rivaldo juntos. Ronaldo e Rivaldo tinham tido sérios problemas médicos e físicos, e Ronaldinho era ainda um jovem, atuando no Paris Saint-Germain, sem grande prestígio. Além disso, raramente um técnico brasileiro colocava três jogadores avançados, para não prejudicar a marcação no meio-campo. Foi mais uma Copa sem grande empolgação técnica. Os erros dos árbitros a favor da Coreia do Sul, contra Espanha e Itália, foram vergonhosos. A Coreia do Sul ficou em quarto lugar. Os jornalistas alemães presentes diziam que a Alemanha, vice-campeã, era a pior seleção que já tiveram em uma Copa. Tinha um grande goleiro, Oliver Kahn, que falhou em um dos gols na final contra o Brasil. Antes do jogo, Kahn foi eleito o melhor jogador do torneio. Após o Mundial, os alemães começaram um longo e eficiente planejamento para melhorar seu futebol e sua seleção. A conquista de 2014 não foi por acaso.

Na véspera da final da Copa de 2002, entre Brasil e Alemanha, um jornalista brasileiro teve uma informação, que ele garantia ser de uma fonte segura, de que Ronaldinho estaria em uma festa. Nem o mais irresponsável e mais louco jogador da história do futebol faria isso na noite anterior à decisão de um Mundial. O jornalista foi até o local e passou a noite esperando Ronaldinho aparecer. Há jornalistas tão obcecados pela notícia, pelo furo, que perdem o senso de realidade.

Eu, que tinha sido campeão do mundo em 1970, vi pela primeira vez no estádio o Brasil ser campeão. Em 1994, na Copa dos Estados Unidos, assisti à final pela televisão, em Dallas, no centro de imprensa.

Imediatamente após o jogo contra a Alemanha, escrevi em minha coluna, na *Folha de S.Paulo* de 30 de junho de 2002, com o título "Brasil penta mundial":

Hoje, queria ser apenas um torcedor. Ter vindo caminhando até o estádio, vestido com uma camisa amarela. Dançando, cantando e enrolado numa bandeira brasileira. Queria ter assistido ao jogo no meio da galera. Gritando, sambando e aplaudindo os jogadores do início ao fim. Queria ser o Tostão apenas por alguns momentos, para estar lá embaixo, de calção, chuteira, e reviver a glória de ser campeão do mundo.

Mas hoje não sou apenas torcedor, nem ex-jogador. Sou um colunista, metido a entender de futebol, com a obrigação de opinar e relatar os fatos. O pensamento e os meus desejos não podem ser onipotentes. Há uma realidade. Nesse momento, liberto-me um pouco desse peso de observador para vibrar com o título. Ronaldo não fez um gol driblando os zagueiros e o goleiro, como eu sonhara e escrevera na véspera do jogo, mas fez dois gols. O segundo, espetacular. Rivaldo abriu as pernas, e Ronaldo, com talento, técnica e genialidade, finalizou de curva, no canto. Ronaldo sonhou durante quatro anos com esse momento, após o episódio da final de 1998. Foi a vitória não somente do craque, mas também do homem.

Na volta do Japão, a turma da *Folha* retornou dividida, pois não havia passagens para todos no mesmo voo. Eu e o fotógrafo, o mesmo da febre no jogo de abertura, ficamos mais um dia no Japão e aproveitamos para conhecer Tóquio, já que a final havia sido em Yokohama. No voo de volta, uma senhora brasileira, que tinha ido ao Japão por outros motivos, teve um acidente vascular cerebral, e eu e uma passageira médica fizemos o primeiro atendimento. Avisamos ao comandante que deveríamos descer o mais rápido possível, para ela ter chances de sobreviver. Descemos no Alasca, onde já havia uma ambulância esperando. Todos os passageiros tiveram de desembarcar, passar no serviço de imigração e retornar ao avião, o que atrasou a chegada do voo em Nova York. Com isso, perdemos a conexão para São Paulo e, consequentemente, para Belo Horizonte. Não tive mais notícias da passageira. Espero que tenha sobrevivido. Tempos depois, recebi um relógio de presente, como forma de agradecimento da companhia aérea japonesa.

# 13. A vida é um espanto

Depois da Copa de 2002, a Seleção perdeu Rivaldo, que teve uma queda técnica rápida, mas ganhou Ronaldinho, que seria eleito o melhor jogador do mundo em 2004 e 2005, e Kaká, o melhor em 2007, além de ganhar Adriano, excepcional centroavante, e Robinho, em sua melhor forma.

Na Copa das Confederações de 2005, na Alemanha, o Brasil venceu os donos da casa e goleou a Argentina, por 4 a 1, na final. Foi um show. O mundo todo elogiava a Seleção e a apontava como a grande favorita para o Mundial do ano seguinte. Na eleição da Fifa dos 23 melhores do mundo antes do Mundial de 2006, o Brasil tinha seis jogadores (Ronaldo, Ronaldinho, Kaká, Adriano, Roberto Carlos e Cafu), além de outros excelentes (Gilberto Silva, Zé Roberto, Dida, Robinho e Juan). Já na eleição dos 23 melhores do mundo antes da Copa de 2014, o Brasil tinha apenas um jogador na lista (Neymar).

Na época, Parreira, que retornava como treinador da seleção brasileira, disse que escalar quatro jogadores como Ronaldo, Ronaldinho, Adriano e Kaká juntos era o limite da ousadia. Parreira deve ter se olhado no espelho e dito: "Como você vai fazer isso?".

O sonho do técnico era trabalhar com uma equipe com um perfeito equilíbrio, em que tudo fosse planejado, certinho, previsível e que tivesse menos craques.

O Brasil ficou uns vinte dias na pequena e bela cidade de Weggis, na Suíça, antes de chegar à Alemanha para a Copa. Havia uma grande festa na cidade, com um número enorme e surpreendente de brasileiros e brasileiras, de todos os tipos e com todos os interesses. Os treinos da Seleção estavam sempre lotados, e de vez em quando alguém invadia o campo. Por ter recebido de graça a estadia na cidade, a CBF, por retribuição de contrato, tinha que permitir toda aquela farra, apesar de ter ficado em um hotel privativo, diferentemente da Copa de 2002.

Eu e alguns jornalistas fomos convidados para um jantar no luxuoso hotel da Seleção, com Parreira e a comissão técnica. Fizemos críticas e elogios à Seleção. Eu não queria ir, mas, como fui companheiro de Parreira na Copa de 1970 e não o encontrava pessoalmente havia muito tempo, aceitei o convite. Arrependi-me, pois acho que a imprensa não deveria ter esse tipo de relacionamento com a Seleção. Além disso, eu já tinha tido problemas com Felipão antes da Copa de 2002.

Até hoje, a estadia em Weggis é muito criticada — com razão — e vista como uma das causas do fracasso da Seleção. Houve motivos mais importantes. Um deles foi o péssimo estado físico de Ronaldo e Adriano, que estavam gordos e não conseguiram se recuperar durante o Mundial. Robinho, que estava em grande forma, ficou na reserva. Além disso, dois centroavantes juntos dificilmente dão certo. Uma terceira razão do fracasso do Brasil foi tática. Parreira repetiu a formação da Copa de 1994, com dois volantes e um meia de cada lado: Kaká pela direita e Ronaldinho pela esquerda. Os dois tinham a obrigação de voltar para marcar. Não conseguiram fazer isso, nem foram brilhantes quando chegavam ao ataque. No Milan, Kaká era um meia-atacante que atuava da intermediária para o gol. No Barcelona, Ronaldinho jogava pela esquerda, mas mais adiantado, sem a obrigação de voltar para marcar. Ele ia muito para o centro, onde fazia suas melhores jogadas. Na Copa das Confederações, eles também foram escalados dessa maneira, e o time foi excepcional. A diferença também é que os jogadores estavam em melhor forma. Além disso, é frequente no futebol um técnico escalar o time do jeito certo e depois, na hora do jogo, dar tudo errado (ou vice-versa), por dezenas de outros motivos envolvidos.

O erro não é somente do técnico. Kaká e Ronaldinho, sobretudo pelo prestígio que possuíam, deveriam ter conversado com Parreira sobre as dificuldades que tinham em suas posições em campo. Foram muito cordatos, uma característica dos atuais jogadores brasileiros. Se fosse Gérson, isso não ocorreria.

Durante a Copa de 2006, levei um susto. O futebol tinha mudado em relação ao Mundial de 2002, com grande aumento no número de passes e diminuição no número de dribles. O jogo ficou mais técnico e mais programado, menos habilidoso e menos imprevisível. Essa é uma das razões da queda de eficiência do futebol brasileiro. A habilidade e a fantasia deixaram de ser determinantes no resultado, e o passe tornou-se mais importante do que o drible. Isso é hoje mais marcante. O passe é feito cada dia com mais segurança, para não perder a posse de bola.

Durante a Copa, em um hotel na Alemanha, encontrei o escritor João Ubaldo Ribeiro, um de meus ídolos literários. Ele escrevia para O Globo, e eu para a Folha. Batemos um longo papo, e ele, com seu vozeirão inconfundível, disse que nunca tinha visto uma Copa tão chata, com tantos passes para cá e para lá. João Ubaldo entendia de tudo.

Outra razão da eliminação do Brasil, nas quartas de final, foi a grande atuação da França. Era uma seleção que já jogava um futebol moderno, diferente, com poucos espaços entre os setores, muita troca de passes e com dois meias, um de cada lado, que voltavam para marcar ao lado dos volantes. No time da França, a distância entre o jogador mais recuado e o mais adiantado era pequena. A equipe jogou com duas linhas de quatro e com Zidane livre, entre os quatro do meio, e um único atacante fixo, Henry, autor do gol que eliminou o Brasil. Até hoje, ninguém entendeu a postura de Roberto Carlos, abaixado, amarrando a chuteira, enquanto a bola viajava para a chegada de Henry, que deveria ser marcado pelo lateral. Zidane deu um show. Assisti ao jogo ao lado de Clóvis Rossi, um dos mais importantes colunistas políticos brasileiros, que participava da equipe da *Folha*. Quando Zidane deu um chapéu em Ronaldo, Clóvis Rossi falou: "O que é isso?!".

Zé Roberto, como volante, foi o único brasileiro eleito para a seleção dos melhores jogadores da Copa de 2006. Ronaldinho, que era a grande estrela do Mundial, foi muito mal, assim como Kaká, Ronaldo e Adriano. Após a Copa da Alemanha, Ronaldinho nunca mais repetiu com regularidade, ao longo de uma temporada, suas atuações do Barcelona. Progressivamente, tornou-se muito mais um showman, de magistrais lances isolados, do que um atleta. Se tivesse brilhado intensamente por muitos anos, como fizeram Ronaldo, Romário, Maradona e outros grandes craques, e como têm feito Messi, Cristiano Ronaldo e Neymar, certamente Ronaldinho estaria na história como um dos maiores de todos os tempos. Além de excepcional técnica, ele tinha, como Maradona, um futebol muito lúdico, cheio de adornos e efeitos especiais.

O declínio de um grande craque, de um artista, começa quando ele passa a se preocupar mais com a fama e com o sucesso do que com a gana e a ambição de atuar cada vez melhor. Nem sempre talento e dedicação coexistem na mesma pessoa. O maior compromisso do artista é com sua arte.

A Copa da Alemanha foi ótima, muito mais divertida e agradável do que a da França. Os alemães fizeram uma grande festa. É um povo que gosta muito de viajar e de se divertir, o que contraria a imagem que eu tinha desde criança de que são excessivamente disciplinados e contidos. Depende muito da região da Alemanha, como acontece também com o Brasil. Como a seleção brasileira jogava cada partida em um local e mudava de hotel, a imprensa ia atrás. Viajei muito. Com o pessoal da *Folha*, havia os que preferiam viajar de avião, os que queriam ir de trem e os que iam de carro, como eu e o jornalista Paulo Cobos, que comandava a equipe do jornal na Copa. Na Alemanha, as estradas são ótimas, não há pedágios e a velocidade mínima é de 120 quilômetros por hora. É o país europeu com menos acidentes em estradas. As viagens eram longas. Em uma delas, almoçamos na pequena Rotemburgo, a cidade medieval mais bonita do mundo. Recentemente, fui de novo para lá, de férias e com mais tempo.

Um dia, assistindo da arquibancada a um treino da Seleção, vi de muito perto o humorista Bussunda, junto com a turma do Casseta & Planeta, rindo, brincando e gravando na lateral do gramado. À noite, tivemos a trágica notícia de que ele havia tido uma morte súbita. A vida é um sopro, como diz o belo tango composto por Carlos Gardel e Alfredo le Pera.

Escrevi, após um jogo da Itália, depois de elogiar a disciplina tática e a organização defensiva dos italianos, que não entendia como um país tão apaixonado pelo design e pela beleza, em todos os setores, gosta tanto do jogo pragmático e feio. No outro dia, quando cheguei ao centro de imprensa, todos os italianos brincaram comigo e também concordaram com o que escrevi.

A final da Copa foi entre França e Itália, com vitória dos italianos, nos pênaltis. O excelente zagueiro Cannavaro, que não está entre os grandes zagueiros da história do futebol mundial, foi eleito o melhor jogador da Copa. Foi o jogo em que Zidane deu uma cabeçada em Materazzi. A partida terminou e eu corri para o centro de imprensa, para escrever minha coluna e também para entender melhor o que havia acontecido com Zidane, já que eu não tinha, nesse jogo, um monitor de televisão à minha frente. A grande surpresa da agressão estava no fato de que Zidane era um jogador bastante disciplinado. Materazzi teria ofendido Zidane ou xingado alguém de sua família. O impulso agressivo foi mais rápido do que o pensamento de que ele não poderia fazer aquilo em uma decisão de Copa do Mundo. Existem jogadores que estão sempre com o impulso à frente da razão, como Felipe Melo, expulso nas quartas de final contra a Holanda, ocasião em que a seleção brasileira foi eliminada da Copa de 2010. Nesse caso, porém, ninguém ficou surpreso.

Nas Copas de 2002, 2006 e 2010, viajei com a equipe da *Folha de S.Paulo* e acompanhei todos os treinos da Seleção. Quando entrava no centro de imprensa, sentia-me um dinossauro, um homem analógico em um mundo digital. Enquanto centenas de jornalistas digitavam e olhavam para a tela do computador, eu pegava minha caneta, minha folha de papel e ia para um canto. Muitas vezes, sentava no chão, já que não havia cadeiras e mesas para todos. Ali, escrevia minha coluna, que já estava mais ou menos pensada durante o jogo. Tinha pouco tempo para fazer isso. Ligava do celular (que nem sempre funcionava bem) para Belo Horizonte e ditava o texto para um colega que trabalhava comigo. Discutíamos alguns detalhes. Ao final, ele lia e eu dava o "o.k." para ele retransmitir a coluna à *Folha* e aos outros jornais.

Não pense que eu achava isso charmoso, romântico. Dava--me um grande trabalho, muito mais do que se estivesse à frente do computador. Quando não havia jogo do Brasil, era mais tranquilo. Escrevia a coluna aos poucos, durante o dia, enquanto acompanhava os treinos e tudo o que acontecia na seleção brasileira. À noite, com calma, com tempo para burilar o texto, enviava a coluna pelo telefone do hotel, no quarto, tomando uma dose de uísque, uma taça de vinho ou uma cerveja.

Durante as partidas, percebia que os jornalistas que trabalhavam pela internet e que davam informações a cada minuto do jogo digitavam e olhavam muito mais para a tela do computador do que para o gramado. O jogo era um detalhe. A internet mudou a maneira de ver e de analisar o futebol.

Continuo escrevendo à mão. Levo o papel a todos os cantos da casa, risco, reescrevo, até enviar a coluna aos jornais, por e-mail. Escrevo apenas para jornais impressos. Não tenho blog, Twitter, Facebook, Instagram, WhatsApp nem smartphone. Ainda uso caneta, agenda de papel, converso ao telefone, vou à banca para comprar jornais impressos, escuto música em CDs e faço muitas outras coisas que, pouco a pouco, se tornam obsoletas. Uso o celular somente para receber e fazer ligações. De vez em quando, alguém que encontro em minhas caminhadas diárias e que não lê minhas colunas pergunta o que tenho feito. Outras pessoas, geralmente jornalistas, acham que sou recluso, porque raramente apareço na televisão, como se só existisse vida na TV e na internet. Evito ir a programas pelos mesmos motivos que deixei de trabalhar na TV. Antes de uma gravação ou de um programa ao vivo, fico muito tenso. Quando começa a entrevista, fico mais à vontade. Sou um homem reservado, silencioso e também vaidoso, mas para dentro.

Não sou mais protagonista de nada. Sou um colunista, crítico. Tento separar a vida de atleta que tive antigamente da minha vida atual, e muitas pessoas não compreendem isso. Gosto muito mais de conversar sobre futebol do que falar de minha carreira — que é do que mais gostam de perguntar. Como não sou jornalista, sinto-me até hoje um convidado da crônica esportiva. Às vezes, sinto-me até mesmo um intruso, apesar de escrever há vinte anos para jornais. Não sou um ex-atleta que escreve sobre futebol. Sou um colunista que foi atleta.

Quando comecei a trabalhar na televisão, na TV Bandeirantes, recebi um prêmio de revelação da Associação de Cronistas Esportivos do Estado de São Paulo. Não pude comparecer para receber o prêmio. Soube que um antigo e conceituado jornalista de São Paulo pediu a palavra, durante a solenidade, e protestou duramente contra a eleição de um ex-atleta que não tinha o diploma de jornalista. O protesto dele não era pessoal. Há outros jornalistas que pensam como ele. Existe um grande número de ex-atletas, em todo o mundo, trabalhando como comentaristas na internet e em emissoras de rádio e de televisão. Já ex-atletas colunistas que escrevem regularmente em grandes jornais são raros, pelo menos no Brasil. Tenho o direito legal de ser colunista.

Em meu trabalho de comentarista de televisão e de colunista de jornais, assisti, com curiosidade, estranheza, admiração, proximidade e distanciamento, à revolução da internet, um dos fatos mais marcantes e inacreditáveis da história da civilização humana. A vida é um espanto.

# 14. Futebol revolucionário

Após a Copa de 2006, Ricardo Teixeira, então presidente da CBF, surpreendeu a todos ao escolher Dunga como técnico da Seleção, já que ele nunca havia dirigido um time antes. O motivo principal foi a "bagunça de Weggis", como ficou conhecido o período em que o Brasil se preparou na Suíça para o Mundial da Alemanha. Dunga, com sua sisudez, dogmatismo e excessivo rigor, daria mais disciplina à equipe e faria com que os grandes jogadores se dedicassem mais à Seleção. Sempre que um time de craques perde, falam que faltou garra, vontade, comprometimento. A prepotência do futebol brasileiro nunca reconhece seus erros técnicos e a qualidade dos adversários. O interessante é que o motivo da volta de Dunga, logo após o Mundial de 2014, foi o mesmo, pois houve muitas críticas às badalações em Teresópolis, onde a seleção brasileira, comandada pela segunda vez por Luiz Felipe Scolari, fez os preparativos para a Copa do Mundo no Brasil. Em 2006, logo que assumiu o comando, Dunga barrou Kaká e Ronaldinho, para mostrar que, com ele, jogava o melhor. Ele sempre repete isso.

No início do trabalho, como também aconteceria após a Copa de 2014, o Brasil venceu a maioria das partidas. Enquanto a seleção brasileira jogava com grande vontade para recuperar o prestígio, os europeus viviam a ressaca do Mundial, o que também se repetiria em 2014. A diferença das duas passagens de Dunga na Seleção é que, depois de 2006, o Brasil ganhou a Copa América — com vitória de 3 a 0 sobre a Argentina, na final — e também a Copa das Confederações, além de ter sido o primeiro colocado nas Eliminatórias para o Mundial de 2010 na África do Sul. Já após a Copa de 2014, com Dunga, o Brasil foi eliminado da Copa América pelo Paraguai e alternou bons e maus momentos.

O Brasil venceu as três últimas edições da Copa das Confederações (2005, 2009 e 2013) e perdeu as três Copas do Mundo. Não vai participar da próxima Copa das Confederações, o que pode ser um fator positivo. A Espanha, campeã do mundo em 2010, havia sido eliminada pelos Estados Unidos na Copa das Confederações de 2009. Na final contra o Brasil, os norte-americanos chegaram a estar ganhando de 2 a 0, mas perderam por 3 a 2 e a seleção brasileira foi campeã.

A estratégia de Dunga, no período de 2006 a 2010, foi a mesma que usaria após a Copa de 2014, apesar de ter havido muitas mudanças no futebol. O time se caracterizava pela marcação forte e mais recuada, pelos contra-ataques rápidos e pela eficiência nas jogadas aéreas. Muitos diziam que o Brasil tinha o melhor contra-ataque do mundo, com os velozes e habilidosos Kaká e Robinho. O sistema tático era torto, com uma linha de quatro defensores, dois volantes muito marcadores (Gilberto Silva e Felipe Melo), Elano pela meia direita (na verdade, ele era mais um terceiro volante do que um meia), Kaká na ligação entre os volantes e o centroavante Luís Fabiano, além de Robinho, mais pela esquerda, que voltava pouco para marcar. O esquema era torto porque havia um desequilíbrio entre os dois lados do time: Daniel

Alves, pela lateral direita, tinha a proteção de Elano (ou de Ramires), mas pela esquerda não havia um jogador que protegesse o lateral (Michel Bastos ou Gilberto). Isso teve importância negativa na Copa, já que os dois gols da Holanda, nas quartas de final, saíram de jogadas pela direita do ataque holandês. O primeiro gol saiu após uma jogada coletiva e um cruzamento. O segundo, depois de um escanteio, consequência também de um lance por esse setor.

Diferentemente da maioria dos craques da história do futebol (que, antes dos vinte anos, já mostravam enorme talento e potencial para se tornarem estrelas mundiais), ninguém esperava que Kaká, quando estava nas categorias de base, seria em tão pouco tempo o craque do Milan e o melhor jogador do mundo. O mesmo ocorreu com Rivaldo. Kaká não tinha muita habilidade, mas tinha muita técnica, força física e velocidade. Ele não driblava. Jogava a bola na frente e chegava antes do marcador. Como Rivaldo, Kaká também teve uma queda rápida, o que deve ter relação com o fato de os dois terem se tornado mais excepcionais do que pareciam ser. Depois de ser eleito o melhor do mundo em 2007, atuando pelo Milan, Kaká teve algumas contusões, foi para o Real Madrid, ficou na reserva e nunca mais brilhou como antes. Na Copa de 2010, com problemas físicos, Kaká teve uma atuação regular, boa, sem grande brilho.

Já Robinho, quando virou titular do Santos, parecia que se tornaria o melhor do mundo e chegou a ser apenas um excelente jogador. Ao contrário de Kaká, ele tinha muita habilidade, mas pouca técnica para ser considerado um craque. Finalizava mal e, com frequência, tomava decisões erradas.

Os grandes jogadores reúnem, em proporções variáveis para cada um, muita técnica, habilidade e criatividade, além de ótimas condições físicas e emocionais. A habilidade é a intimidade com a bola diante do adversário, a capacidade de criar efeitos especiais.

A técnica é a execução dos fundamentos da posição, além da lucidez para tomar decisões certas. A criatividade é a antevisão da jogada, a capacidade de inovar, de surpreender. O talento é a síntese de tudo isso. Muitos confundem habilidade e criatividade com talento. Existem craques com pouca habilidade, mas não há craques sem excepcional técnica. Pelé foi o melhor de todos porque tinha, no mais alto nível, todas essas qualidades. Pelé foi tão espetacular que atingiu o máximo, a total simplicidade para jogar.

Existem jogadores que executam muito bem os fundamentos técnicos da posição, possuem bons níveis estatísticos, mas não conseguem juntar as partes, formar um todo, uma personalidade. São divididos, esquizofrênicos do ponto de vista futebolístico.

Antes de começar a Copa de 2010, na África do Sul, a Seleção treinou durante uns vinte dias em Joanesburgo. Se o Brasil é um país extremamente desigual e com graves problemas sociais, a África do Sul é ainda pior. A parte mais rica de Joanesburgo parece uma grande cidade norte-americana, com shopping centers luxuosos e belíssimos edifícios de vidro. Na periferia, uma grande miséria, maior que a do Brasil. Não há serviço público de saúde nem de transporte, que é feito por vans, sempre superlotadas e em péssimas condições. O país acabou com o sistema do apartheid racial, mas o apartheid social continua. Diferentemente do que acontece no Brasil, os marginais não iam aos lugares mais ricos para roubar, cometer crimes, nem os miseráveis iam para pedir esmolas. Vários jornalistas, como Juca Kfouri, foram furtados, e isso acontecia até mesmo dentro dos hotéis, com cofres de senhas eletrônicas. A África do Sul batia recordes de clonagem de cartões. Como no caso da Copa de 2014 no Brasil, a África do Sul gastou fortunas na construção de estádios, e muitos deles se tornaram elefantes brancos. A seleção brasileira ficava concentrada e treinava em um clube num bairro de gente rica, com casas luxuosas em volta. Nas casas, havia sempre um aviso: "Quem tentar entrar leva tiro".

Nessa Copa, tive, pela primeira vez, a ótima companhia diária de Juca Kfouri. Antes de começar o Mundial, visitamos o espetacular Museu do Apartheid, que conta toda a vida de Nelson Mandela. Juca gosta de brincar que foi meu motorista, já que não gosto de dirigir, e ele adora. Viajamos muito. Anos depois, quando houve a Copa das Confederações em Belo Horizonte, retribuí sua gentileza. Juca passou mal e eu o levei ao hospital, onde ficou uns dois dias. Fui sua babá, já que sua família estava em São Paulo.

Tive também a agradável companhia do professor Pasquale, com quem aprendo português todas as semanas, lendo sua coluna na *Folha de S.Paulo*. Ele participou do grupo da *Folha* na Copa. Em Porto Elizabeth, onde o Brasil foi eliminado pela Holanda, eu, Juca e o professor Pasquale ficamos hospedados na casa de dois idosos, que nos entregaram a chave no dia da chegada e só voltaram para recebê-la no dia da saída. Foi ótimo. Ficamos muito bem instalados, cada um em um quarto com banheiro. Pela manhã, havia sempre um gostoso café na porta do quarto.

Estivemos também na bela Cidade do Cabo, onde conheci o cabo da Boa Esperança, onde o mundo faz a curva, entre os oceanos Índico e Atlântico, e que estava em meu imaginário desde a adolescência. Ao contrário de Joanesburgo, uma cidade onde tudo acontece nos luxuosos shopping centers, Durban e Cidade do Cabo são gostosas, com bares e restaurantes próximos às calçadas e com muitas pessoas transitando pelas ruas. Em Durban, Fernando Pessoa, poeta que mais leio e admiro, viveu a adolescência, junto com a mãe e o padrasto, que era cônsul de Portugal. Foi em Durban que ele começou a escrever, em inglês, seus primeiros poemas.

O mais belo poema que li foi "Tabacaria", sobre a angústia e o vazio existencial. Foi escrito por Álvaro de Campos, um dos principais entre os 127 heterônimos de Fernando Pessoa, segundo o livro *Fernando Pessoa: Uma quase autobiografia*, de José Paulo Cavalcanti Filho.* Alguém definiu o poema como a epopeia do fracasso absoluto.

Em Joanesburgo, Juca e eu fomos a um restaurante de um shopping center próximo ao hotel e, quando chegamos, havia um enorme tumulto na porta. Minutos antes, Platini, um dos maiores jogadores da história, ex-presidente da Uefa e suspenso pelo Comitê de Ética da Fifa por irregularidades em recebimento de dinheiro, tinha desmaiado enquanto jantava e fora levado a um hospital, onde só teve alta no dia seguinte. A imprensa já estava presente no restaurante, e rádios falavam ao vivo. O mundo todo já devia saber. Se eu tivesse chegado alguns minutos antes, teria feito o primeiro atendimento, apesar de não ser um médico em atividade, pois não havia outro médico no local. Certamente, correria a notícia de que Tostão, campeão do mundo de 1970, tinha prestado socorro a Platini.

Antes da Copa, o Brasil fez dois amistosos com seleções africanas: um no Zimbábue e outro na Tanzânia. O Zimbábue, país miserável, tinha um aeroporto novo, gigantesco e moderno. Ditadores adoram obras faraônicas.

Em 2010, quase todas as seleções europeias já jogavam no 4-2-3-1, muito usado atualmente no Brasil e em todo o mundo. Quando os times perdiam a bola, recuavam para marcar com oito ou nove jogadores, e depois contra-atacavam. É o que faz a maioria das equipes hoje. A diferença é que, como vimos na Copa de 2014, os times agora conseguem defender e atacar com muita intensidade, velocidade e troca de passes.

Antes do início da Copa da África do Sul, a economia chinesa suplantou a do Japão e se tornou a segunda maior do mundo.

---

* *Fernando Pessoa: Uma quase autobiografia*, José Paulo Cavalcanti Filho. Rio de Janeiro: Record, 2011.

Depois do Mundial, no mesmo ano de 2010, uma mulher, Dilma Rousseff, foi eleita a primeira presidenta do Brasil. Seria reeleita em 2014.

Na primeira fase, a Seleção jogou melhor do que na Copa de 2006 e até mesmo do que na Copa de 2002, quando foi campeã. Nas oitavas de final, ganhou facilmente do Chile. Na véspera do jogo contra a Holanda, Dunga tinha 80% de aprovação popular. Cruyff, grande craque e grande crítico, disse, antes da partida, que não pagaria para ver o Brasil jogar. Ele foi contestado e massacrado pelos brasileiros. Não entenderam. Ele reconhecia a qualidade e a eficiência da equipe, mas quis enfatizar que o Brasil, mesmo se fosse campeão, não jogava um futebol agradável, bonito, digno de sua história. Cruyff, Gérson e Xavi foram os três jogadores mais lúcidos e de maior talento coletivo que vi atuar. Eram treinadores em campo. Jogavam como se estivessem vendo a partida da arquibancada, com ampla visão do conjunto.

No primeiro tempo da partida contra a Holanda, a seleção brasileira jogou bem, fez um belo gol com Robinho, após um excelente passe de Felipe Melo, e teve a chance de fazer o segundo, com Kaká. No segundo tempo, tudo mudou. Saíram os dois gols da Holanda, pela direita, em jogadas aéreas, tipo de lance que o Brasil mais usava no ataque. Felipe Melo, como todo o Brasil já esperava e temia, foi corretamente expulso. Fora isso, é um excelente volante.

Na final, a Espanha derrotou a Holanda por 1 a 0, com gol de Iniesta na prorrogação. A seleção espanhola, por suas características de jogo e por não ter um ótimo atacante, ganhou quase todas as partidas por 1 a 0. O time marcava por pressão, recuperava a bola no lugar mesmo em que a perdia, dominava o jogo, ficava com a bola, trocava passes e não deixava o adversário se aproximar de sua área. Era o estilo do Barcelona, da época de Guardiola, com a grande diferença de que o time da Catalunha tinha Messi. Por outro lado, a seleção espanhola marcava melhor que o Barcelona, com dois volantes que desarmavam muito bem (Busquets, do Barcelona, e Xabi Alonso, do Real Madrid), em vez de apenas um, como jogava o time catalão, além de ter dois grandes zagueiros (Piqué, do Barcelona, e Sergio Ramos, do Real Madrid).

A Espanha ganhou a Copa de 2010 e foi bicampeã europeia em 2008 e 2012. No Mundial de 2014, esperava-se o mesmo sucesso, mas o time, sem um ótimo atacante e com vários jogadores mais veteranos — especialmente Xavi, grande organizador da equipe —, foi um fracasso. Mas uma das razões da eliminação da Espanha na primeira fase da Copa de 2014 foi ter enfrentado duas seleções fortes: a Holanda, terceira colocada, e o Chile. Esse também foi um dos motivos de o Brasil ter sido eliminado na primeira fase da Copa de 1966, quando perdeu para Portugal e Hungria, duas fortes seleções na época.

Guardiola não gosta do termo *tiki-taka*, que se tornou mundialmente conhecido, como se fosse apenas uma troca curta de passes, sem objetividade. A finalidade, além de ficar com a bola e de dar menos chances ao adversário, é concentrar a jogada em uma parte do campo, chamar a atenção da marcação e, com isso, mudar a bola para o outro lado, para aproveitar os espaços livres.

O Barcelona, influenciado pela escola holandesa de Rinus Michels, Cruyff e outros, com estilo de marcação por pressão, troca curta de passes e posse de bola, esperando o momento certo para tentar a jogada decisiva, acabou com vários conceitos da época, como o de que não havia lugar para baixinhos, como Xavi e Iniesta, que era preciso chegar rapidamente ao gol e que os times vencedores eram os que marcavam mais atrás, para contra-atacar. Hoje, as grandes equipes, mesmo o Barcelona e o Bayern de Munique, unem o estilo mais cadenciado e de mais posse de bola daquele Barcelona da época do Guardiola e da seleção espanhola ao jogo de muita intensidade e de contra-ataques velozes. Tornaram-se ainda mais eficientes, sem perder a beleza.

A Espanha, campeã do mundo em 2010 e bicampeã da Eurocopa em 2008 e 2012, e o Barcelona, dirigido por Cruyff, Guardiola e Luis Enrique, assim como a seleção inglesa de 1966, a brasileira de 1970 e a holandesa de 1974, foram times revolucionários, pois, além de jogarem de uma maneira diferente da que se jogava habitualmente em suas épocas, influenciaram nas transformações do futebol em todo o mundo. Houve muitas outras equipes excepcionais, mas não tiveram a mesma importância.

# 15. Uma grande ilusão

Depois da Copa de 2010, mudei novamente de vida. Voltei a morar em um bairro na cidade. Com o progresso, aumentou muito o tráfego na estrada para chegar ao condomínio onde eu morava e cresceu o número de casas próximas. Ficou muito mais difícil ir à cidade para encontrar as pessoas queridas, e elas também tinham o mesmo problema para me visitar. Perdi e ganhei com a mudança. Perdi a companhia de muito verde e de pequenos animais, mas, na cidade, estou próximo das pessoas que amo e faço tudo a pé, já que tenho tudo de que preciso perto de mim. Pouco ando de carro. Quando quero sair para um lugar mais distante, ir a um bar ou a um restaurante, vou de táxi, para também poder tomar uma bebida.

Após a derrota em 2010, Mano Menezes assumiu o comando da Seleção. É um técnico racional, estudioso, científico, que dá boas explicações técnicas e táticas, diferentemente da maioria dos outros treinadores. Mano tinha boas ideias. Na estreia, em um amistoso contra os Estados Unidos, criou-se uma enorme esperança, com a presença de Neymar, Ganso e Pato. Os três, assim como toda a equipe, jogaram muito bem. Neymar e Ganso já tinham sido pedidos para a Copa de 2010, mas ainda iniciavam suas carreiras, e Dunga preferiu não levá-los. Havia uma quase certeza de que os três seriam titulares na Copa de 2014. Neymar tornou-se o craque que imaginávamos e ainda pode ficar melhor. Pato e Ganso, bons jogadores, não se tornaram os craques que pensávamos.

Com Dunga, o Brasil ganhou quase todos os amistosos depois da Copa de 2006, o que se repetiu com ele depois do Mundial de 2014. Já com Mano, a Seleção teve muitas derrotas. Uma, contra a Alemanha, por 3 a 1, com um belo gol de Neymar, foi um aviso da enorme diferença de qualidade entre as duas seleções. Na época, Mano reconheceu publicamente a situação. Em 1968, quando eu jogava na Seleção, o Brasil também levou um baile da Alemanha.* Dois anos depois, porém, o time brasileiro, campeão do mundo em 1970, era muito superior aos alemães.

Em 2012, José Maria Marin substituiu seu companheiro e parceiro Ricardo Teixeira na presidência da CBF. Naquele ano, com Mano Menezes como técnico, o Brasil foi derrotado pelo México na final dos Jogos Olímpicos e ficou com a medalha de prata. Havia notícias de que Mano Menezes seria demitido após a Olimpíada, o que não aconteceu. Depois dessa derrota, o time brasileiro até que surpreendeu e fez ótimas partidas amistosas, gerando

---

* Brasil e Alemanha fizeram um amistoso em 16 de junho de 1968, no Neckarstadion, em Stuttgart, e os donos da casa venceram por 2 a 1. Sigfried Held e Bernd Dörfel marcaram para os alemães, enquanto Tostão descontou para a Seleção. O Brasil, comandado pelo técnico Aymoré Moreira, jogou com Cláudio; Carlos Alberto Torres, Jurandyr, Joel e Sadi (Rildo); Denílson, Gérson e Paulo Borges; Jairzinho (César Maluco), Tostão e Edu. Ainda em 1968, em 14 de dezembro, Brasil e Alemanha voltaram a se enfrentar, dessa vez no Maracanã. As equipes ficaram no empate em 2 a 2, com dois gols de Edu para o Brasil, enquanto Sigfried Held e Klaus Gerwien marcaram para a Alemanha.

uma expectativa de que, finalmente, após muitas experiências, Mano Menezes tinha encontrado uma maneira interessante de jogar, agradável, moderna, eficiente, sem centroavante e com Neymar, Kaká e Oscar. Aí, para a surpresa de todos, Marin o demitiu e contratou dois campeões do mundo para o comando da Seleção: Felipão, como técnico, e Parreira, como diretor técnico.

No dia 14 de outubro de 2012, um domingo, um mês antes de Mano ser demitido, escrevi uma coluna ficcional, com o título "Mano no divã". O então técnico da Seleção manifestava ao psicanalista sua preocupação com Luiz Felipe Scolari: "O que mais me preocupa é a escolha de Felipão para assessor do Ministério do Esporte, o que ninguém havia entendido a razão. Isso parece um recado do ministro para Marin, presidente da CBF, de que o técnico preferido do governo e do povo é Felipão". Mano desconfiava que Felipão já estivesse de sobreaviso.

No mesmo dia da publicação do texto, para minha grande surpresa, recebi, no celular, um telefonema do presidente da CBF, José Maria Marin, com quem nunca tivera contato. Um secretário perguntou se eu poderia atendê-lo. Educadamente, e com enorme curiosidade, disse que sim. Marin disparou a falar sobre muitas coisas corriqueiras. Eu mais escutei do que falei. Após alguns minutos, caiu a ligação. Ele não voltou a ligar. Teria ele pensado que eu desliguei o telefone? Não acredito, pois o tratei com educação.

Mas por que teria me telefonado? Teria sido apenas um impulso, depois de ler minha coluna, especialmente o parágrafo que falava de Felipão? Será que queria me dizer algo, ouvir minha opinião, mas desistiu no meio do caminho? Será que quis me agradar, com elogios, ou protestar? Em colunas anteriores, eu o havia criticado pelo fato de a CBF pagar altíssimo salário ao ex--presidente Ricardo Teixeira — assessor para assuntos paralelos e nebulosos —, além de gastar uma fortuna com os presidentes das federações estaduais e acompanhantes na Olimpíada de Londres e, principalmente, por representar o continuísmo.

Será que Marin já tinha decidido dispensar Mano Menezes e já havia contratado Felipão quando me telefonou? Não teria sido esse o motivo de Felipão ter saído do Palmeiras em setembro, depois de ter sido campeão da Copa do Brasil? Na época, ninguém entendeu a razão de ele ter pedido demissão do clube. Imaginei que Marin já havia acertado tudo com Felipão e que só não tinha oficializado porque o Palmeiras disputava a Copa do Brasil. Hoje, tenho certeza. Existe uma foto, que foi enviada a Mano Menezes, com Felipão entrando no prédio em que Marin morava na época.

Penso que a saída de Mano Menezes e as contratações de Felipão e Parreira foram muito mais decisões políticas, comerciais e de marketing do que uma questão técnica. Investidores, marqueteiros, parceiros da CBF e o governo estavam preocupados com a pouca credibilidade da Seleção. Queriam um técnico mais experiente, que já tivesse sido campeão e que fosse capaz de empolgar o torcedor, como Felipão já tinha feito em Portugal, antes da Eurocopa de 2008.

Mano Menezes é um treinador professoral, racional, que sorri pela metade, enquanto Felipão é carismático, espontâneo, vibrante, um ótimo comunicador. A seu lado, para diretor técnico, escolheram outro campeão do mundo. Interessante que Parreira se parece muito mais com Mano Menezes do que com Felipão.

Felipão sempre foi um técnico controverso, difícil de definir. É emotivo, alterna momentos carinhosos, de ternura, com outros agressivos e destemperados. Às vezes, é surpreendentemente ousado e ofensivo. Em outras situações, é retranqueiro. Ele conhece os detalhes técnicos e táticos, mas com frequência, durante as partidas, age por impulso, por emoção e por intuição. É sua maior qualidade e seu maior defeito. Muitas vezes, dá certo. Já Parreira, cientificamente mais bem preparado que Felipão, é o oposto, previsível, sóbrio, monótono, linear. A apresentação da nova dupla de comandantes da Seleção foi uma demonstração de nacionalismo exacerbado. As palavras de Parreira pareciam as de Zagallo, com seu ufanismo e adoração pela "amarelinha". Felipão e Parreira disseram que ganhar a Copa no Brasil era uma "obrigação". Era o que Marin queria ouvir. Se não desse certo, ele teria feito sua parte. Dizer que vencer é uma obrigação é uma declaração corajosa, otimista, mas também uma demonstração ufanista e autossuficiente, muito próxima da soberba.

Parreira já tinha se aposentado quando recebeu o convite para ser o diretor técnico da Seleção. Além de empresário, era assessor da Secretaria de Estado Extraordinária da Copa do Mundo em Minas Gerais, uma mistura de garoto-propaganda e lobista, muito bem remunerado, com a função de convencer uma grande seleção a ficar em Minas Gerais durante a Copa do Mundo de 2014 no Brasil. Como as decisões das seleções só seriam tomadas em dezembro de 2013, após o sorteio dos grupos, com as datas e os locais das partidas, nada ainda havia sido resolvido quando ele assumiu o cargo na CBF. O Ministério Público investigou os enormes gastos do governo mineiro com Parreira, uma vez que não teriam tido nenhum motivo ou resultado prático. Foi um desperdício de dinheiro público.

A saída de Mano Menezes foi um retrocesso. Depois de muito tempo, a Seleção começava a mostrar um futebol interessante, diferente, com mais posse de bola, mais troca de passes, de marcação por pressão, com volantes que marcavam e atacavam, sem chutões e sem um típico centroavante. Prefiro uma equipe com vários jogadores que fazem gols a ter um único grande artilheiro. Além do mais, o Brasil tinha Neymar, um craque artilheiro. O time não era ainda uma realidade, mas havia uma esperança de que jogasse um futebol eficiente e encantador.

Entrou Felipão, e o time brasileiro, como aconteceu com Dunga pós-2006 e pós-2014, venceu a maioria das partidas amistosas. No Brasil, quando se troca um técnico, é frequente haver um grande entusiasmo, e os jogadores passam a atuar como se os amistosos fossem jogos oficiais. Para a maioria das outras seleções, os amistosos servem para fazer experiências.

Felipão e Dunga são técnicos com estilos parecidos, ótimos representantes da filosofia de jogo que existiu no Brasil nos últimos tempos e que contribuiu para a queda de nosso futebol, baseado em muita marcação, contra-ataques e jogadas aéreas, e que não agrada, mas, muitas vezes, consegue bons resultados. Esse estilo está em desacordo com o das atuais grandes equipes, que privilegiam a posse de bola, a troca de passes e o domínio do jogo.

Na Copa das Confederações de 2013, a seleção brasileira, mesmo sem brilho — a não ser na final contra a Espanha —, foi campeã. Na época, escrevi que o Brasil tinha tido uma atuação heroica contra a Espanha, mas que estava preocupado, porque não dá para ser heroico duas vezes seguidas. Eu tinha receio de que o Brasil tinha sido heroico na hora errada.

Felipão introduziu uma estratégia que deu resultado, de pressionar o adversário, sufocá-lo e amedrontá-lo — desde o início, em casa, com o apoio da torcida. Em quase todas as partidas, o Brasil fez um gol no início, o que facilitava a vitória. Outra tática da Seleção, principalmente no último jogo contra a Espanha, foi o excesso de faltas, de parar a jogada, quando não conseguia desarmar. É o antijogo, muito criticado pelos europeus e por parte da imprensa brasileira, preocupados mais com a qualidade do que com o resultado.

Como a Espanha era campeã do mundo, houve um grande otimismo com a seleção brasileira. Na Copa, com o fracasso da Espanha, houve um raciocínio retroativo de que a grande vitória na Copa das Confederações não tinha muita importância, pela decadência do time espanhol. As duas explicações são tendenciosas.

Durante a Copa das Confederações, eram realizadas as manifestações contra a corrupção, os problemas sociais e os gastos abusivos com o Mundial, contrariando o que se tinha dito antes, quando o Brasil foi escolhido como sede, de que todas as despesas seriam privadas. Ainda não havia a Operação Lava Jato, e o Brasil não passava por problemas políticos, sociais e econômicos tão graves. Interessante que a maioria do pessoal que aplaudia a Seleção durante as partidas e cantava com emoção o Hino Nacional, geralmente pessoas da classe média ou alta, também era contra os gastos com a Copa e contra os problemas sociais. Separavam a Seleção das manifestações. Vaiavam a presidenta e aplaudiam o time brasileiro.

Apesar de a Copa das Confederações ser apenas uma preparação para o Mundial; apesar de o Brasil só ter feito uma partida excepcional na final contra a Espanha; apesar de ter vencido as duas edições anteriores da Copa das Confederações e ter ido mal nas Copas do Mundo de 2006 e de 2010; apesar da ausência, na Copa das Confederações, de fortes seleções candidatas ao título mundial, como Alemanha, Argentina e Holanda; apesar de tudo isso, criou-se uma grande ilusão de que o Brasil tinha um excelente time com vários craques, e não só Neymar, e que, por jogar em casa, com o apoio da torcida, com a emoção do Hino Nacional cantado antes do jogo, era o principal favorito.

# 16. A tragédia dos 7 a 1

Na Copa de 1994, pela TV Bandeirantes, e na Copa de 1998, pela ESPN Brasil, viajei e trabalhei no local dos jogos. Nos Mundiais de 2002, 2006 e 2010, acompanhei, pela *Folha de S.Paulo* e por outros jornais, todos os treinos e jogos da Seleção. Escrevia diariamente minhas colunas. Em 2014, paradoxalmente, por ser a Copa no Brasil, escrevi todos os dias de casa. Alguns dias antes do início do Mundial, tive um mal-estar, fiquei preocupado, fui ao médico e, como tudo ainda estava indefinido, achamos melhor eu não viajar, para fazer alguns exames e ficar em observação. Passou, não era nada importante, mas foi prudente não ter viajado. Se eu não fosse médico, não me preocuparia e teria viajado.

A vantagem de escrever de minha casa, diariamente, durante a Copa de 2014, foi poder assistir pela televisão a todos os bons programas esportivos e a todos os jogos de todas as seleções. Nos Mundiais anteriores, por ter de acompanhar a seleção brasileira de perto, assistir a todos os treinos e viajar de uma cidade a outra para as partidas, não dava para ver todos os outros jogos nem ter notícias detalhadas das outras seleções. A grande desvantagem de ter ficado em casa foi não poder ver, no local, a emoção dos jogos, a festa das torcidas — ainda mais no Brasil —, além de não me encontrar com jornalistas de que gosto, que admiro e que só vejo nessas ocasiões. Nos dois jogos da Seleção no Mineirão, estive pessoalmente com Juca Kfouri e com outros jornalistas. Não fui ao estádio porque tinha transferido minha credencial para um repórter da *Folha de S.Paulo*.

Em todas as Copas que acompanhei no local, muitos jornalistas, especialmente os estrangeiros, queriam me entrevistar, por acharem uma novidade ter um campeão do mundo entre eles. Procurava atender a todos, desde que não atrapalhassem meu trabalho. Eu tinha também uma boa desculpa para não dar entrevistas, a de não dominar o inglês e outras línguas. O que sei serve para me virar. De vez em quando, um jornalista brasileiro, geralmente da *Folha*, fazia a função de intérprete na entrevista.

Em Teresópolis, durante os treinos da Seleção, havia um grande otimismo, uma festa. Pelos noticiários, lembrava o Mundial de 1950, ou a concentração do Brasil na Suíça em 2006, chamada por muitos de "a bagunça de Weggis". Parreira era o técnico em 2006 e o diretor técnico em 2014. Parreira sempre quis ficar bem com todos. Apesar de, na maioria dos treinos, não ser permitida a presença de torcedores, eu sempre via, pela televisão, um grande público, formado por um enorme número de jornalistas de todo o mundo, por convidados dos empresários e investidores, por apresentadores de televisão, que faziam entrevistas e programas especiais, e também por moradores e seus convidados, já que a concentração da Seleção ficava em um condomínio residencial.

Cada seleção tem suas particularidades na preparação e na concentração para uma Copa do Mundo. Os alemães ficaram hospedados em uma pequena vila no litoral da Bahia, onde chegavam e saíam de balsa. Treinaram muito, mas também se divertiram bastante no local, na praia, na convivência com os nativos. Deve ter sido emocionante e inesquecível essa experiência, ainda mais que foram os campeões. Já os holandeses, que também derrotariam os brasileiros na disputa pelo terceiro lugar da Copa de 2014, tiveram outra experiência. Ficaram hospedados em um hotel no Rio de Janeiro, em Ipanema, de frente para a praia. Fora dos treinos e dos compromissos, saíam com as mulheres e os filhos, andavam pela praia e passeavam pelo bairro.

Felipão cometeu um grande erro, comum aos treinadores e a muitos profissionais de todas as áreas, que é o de achar que o que deu certo um dia deve ser repetido, mesmo se as circunstâncias forem bem diferentes. Até os profissionais que evoluem cientificamente costumam agir, em algumas situações, mais por sua experiência pessoal do que pelo conhecimento científico, baseado na experiência de um grande número de pessoas. É uma mistura de prepotência, superstição e onipotência do pensamento.

Alguns jogadores que foram titulares e atuaram bem na Copa das Confederações, mas que tiveram um ano muito ruim entre o fim dessa competição e o início da Copa do Mundo, como Paulinho e Fred, foram novamente escalados. Felipão colocou Bernard, que era reserva no Shakhtar Donetsk, da Ucrânia, na semifinal contra a Alemanha, no Mineirão, porque tinha entrado no segundo tempo e jogado bem na Copa das Confederações, no mesmo estádio, diante do Uruguai, quando recebeu aplausos da torcida do Atlético-MG, clube em que jogava antes de se transferir para a Ucrânia.

Antes da Copa, havia uma excessiva confiança na vitória, pelos resultados anteriores e por ter Neymar, com grandes atuações na Seleção. No Barcelona, Neymar estava ainda em fase de adaptação. A maioria achava que o Brasil seria campeão, que Neymar seria eleito o melhor da Copa e o melhor do mundo.

Neymar é hoje um dos três melhores jogadores do mundo, com grandes chances de ser, nos próximos anos, candidato habitual a melhor de todos, já que é mais novo que Messi e Cristiano Ronaldo. Neymar reúne todas as qualidades de um grande craque. Possui muita habilidade, técnica, criatividade, velocidade, além de ser ambicioso e guerreiro. Já está na história do futebol brasileiro como um dos maiores de todos os tempos. Não ficarei surpreso se ele se tornar, depois de Pelé, o maior. Ainda não é.

A estratégia de Felipão, que teve grande sucesso na Copa das Confederações, de pressionar desde o início e tentar fazer logo um gol, não funcionou na Copa do Mundo. Os adversários eram outros e sabiam da proposta brasileira. Na primeira fase, os jogos contra Croácia e México foram equilibrados, do que já se podia deduzir que o Brasil teria enormes dificuldades contra seleções candidatas ao título. Na vitória por 2 a 1 sobre a Croácia, houve uma importante ajuda do árbitro na marcação de um pênalti em Fred. No empate em 0 a 0 com o México, qualquer um dos times poderia vencer. O Brasil só ganhou com facilidade quando enfrentou Camarões, um time fraquíssimo, que foi todo para a frente. Neymar deitou e rolou na vitória por 4 a 1. Mesmo assim, Camarões criou inúmeras chances de gol.

Nas oitavas de final, contra o Chile, um adversário de quem a seleção brasileira sempre ganhava com facilidade, foi mais um jogo equilibradíssimo, um empate em 1 a 1. No último minuto do tempo normal, o Chile acertou uma bola na trave. Após a prorrogação, nos pênaltis, o Brasil se classificou. Antes das cobranças, Thiago Silva, o capitão, que deveria orientar os jogadores, chorava em um canto, sem olhar para o gol. Thiago pediu para não bater. Começou a impressão de que jogar no Brasil, o que seria uma grande vantagem, pelo apoio maciço da torcida, se tornaria um grande problema, pela pressão que os jogadores sofriam de assumir a enorme responsabilidade de representar o futebol mais famoso do mundo.

Contra a Colômbia, nas quartas de final, o Brasil teve uma

atuação melhor, sem empolgar, e venceu por 2 a 1, facilitado pelos dois gols marcados, por Thiago Silva e David Luiz, no início da partida. O time colombiano reagiu, fez um gol e quase empatou.

Nesse jogo, o Brasil ficou sem seus dois principais jogadores para a semifinal: Neymar, com uma fratura de vértebra e fora da Copa, e Thiago Silva, suspenso pelo segundo cartão amarelo, em um lance infantil.

Apesar das ausências de Neymar e Thiago Silva, das atuações apenas razoáveis do Brasil na Copa e da superioridade alemã, havia um grande otimismo, por acharem que, em casa, as chances brasileiras eram muito maiores. A Alemanha não tinha feito nenhuma partida maravilhosa, encantadora, mas o time cresceu na competição, com o retorno de Lahm à lateral direita e com a presença do centroavante Klose, que, mesmo veterano e decadente, era imprescindível à equipe.

Felipão planejou a mesma estratégia de um ano antes, contra a Espanha, na final da Copa das Confederações. O Brasil pressionaria desde o início, sufocaria a Alemanha e tentaria fazer logo um gol. O time foi escalado com um trio de atacantes: Bernard, pela direita, Hulk, pela esquerda, e Fred, pelo centro, além de Oscar, um meia ofensivo. Na prática, eram quatro atacantes. O volante Luiz Gustavo ficaria mais recuado, na cobertura dos zagueiros e dos laterais, que também avançariam. No meio-campo, sobrava apenas Fernandinho, em um amplo espaço.

A Alemanha usou uma estratégia bem diferente. Além dos três meio-campistas, excepcionais no passe e no domínio da bola e do jogo, especialmente Kroos e Schweinsteiger, os dois meias pelos lados, Özil pela esquerda e Müller pela direita, voltariam quando o time perdesse a bola, formando cinco jogadores no meio-campo. Eram cinco contra um. Quando recuperassem a bola, quatro dos cinco se aproximariam de Klose. Atacariam e defenderiam em bloco, com poucos espaços entre os setores. Esse é o futebol moderno. Além disso, a equipe marcaria por pressão, na saída de bola, como aconteceu em um dos gols, e usaria muito a triangulação pela direita, com Müller, o lateral direito Lahm e o meio-campista Khedira, para se aproveitar dos avanços do lateral esquerdo brasileiro Marcelo. Assim, saiu outro gol. Com o avanço dos meio-campistas, Kroos fez dois gols, e Khedira, um. Essa visão tática foi confirmada por Lahm em uma entrevista à televisão brasileira.

Os gols saíram rapidamente, um atrás do outro. O mundo todo ficou perplexo. A televisão mostrava imagens das pessoas chorando no estádio. O primeiro tempo terminou 5 a 0. Lembrei-me do primeiro jogo da decisão da Taça Brasil de 1966, entre Cruzeiro e Santos, também no Mineirão e que também terminou 5 a 0 no primeiro tempo, a favor do time mineiro. No fim, um terminou 7 a 1, e o outro, 6 a 2.

O resultado final foi o mais espetacular da história do futebol, por causa da goleada sofrida pela seleção de maior prestígio no planeta, em casa, em uma semifinal de Copa do Mundo, por um placar de 7 a 1.

Nessa Copa, a Alemanha uniu a posse de bola e a troca de passes, influência dos espanhóis, com a organização, a disciplina tática e a eficiência, características do futebol alemão. Após o Mundial de 2002, os próprios alemães ironizavam sua seleção vice-campeã como uma das mais fracas da história. A partir daí, houve um grande planejamento para melhorar o futebol alemão, e não apenas o da seleção. A geração atual começou em 2006, quando foi a terceira colocada, em casa. Os alemães vibraram, porque era um time muito jovem. Em 2010, golearam a Argentina, e só foram eliminados porque enfrentaram a Espanha nas quartas de final. Em 2014, atingiram o máximo, com um time muito forte, individual e coletivamente. Antes do Mundial, na eleição dos 23 melhores do mundo, havia cinco jogadores alemães

(Neuer, Lahm, Kroos, Schweinsteiger e Müller), além de excelentes atletas em todas as outras posições, com exceção da lateral esquerda. Fora Klose e Lahm, que pediu afastamento da seleção, os atuais jogadores devem estar presentes na próxima Copa, apesar da dúvida se estarão em grande forma.

A outra dúvida é se a geração seguinte será tão boa quanto a atual. O mesmo problema vive a Espanha. Por melhores que sejam o planejamento e a formação de jogadores, é difícil imaginar, pela lei das probabilidades, da ciência e do acaso, que as próximas gerações sejam tão excepcionais.

Logo que acabou o jogo, os alemães comemoravam e, ao mesmo tempo, consolavam os brasileiros. Eles estavam constrangidos, por causa da admiração que tinham pela história do futebol brasileiro e por terem sido tão bem tratados no país. Como eu tinha pouco tempo para escrever, acabei não vendo alguns detalhes mostrados pela televisão, no pós-jogo imediato. No outro dia, quando li minha coluna, achei que deveria ter enfatizado mais os aspectos emocionais da partida do que a parte técnica e tática em si.

Felipão, amargurado, colocou a culpa no "apagão", no inexplicável. No dia seguinte, Parreira leu uma carta de uma torcedora, dona Lúcia, carinhosa e solidária com a Seleção. Até hoje, ninguém sabe se ela existiu ou se foi criada pela comissão técnica, como uma mensagem para a torcida brasileira, de que não deveriam ser tão drásticos nas críticas.

Sinto falta, na história do futebol brasileiro, de quatro investigações profundas que ainda não foram feitas pela crônica esportiva: os detalhes de uma reunião que teria ocorrido em Brasília, entre o ditador Médici e os dirigentes da antiga CBD, que resultou na saída de João Saldanha da Seleção, antes da Copa de 1970; se Ronaldo, na Copa de 1998, teve uma convulsão ou um piti; qual foi o conteúdo da preleção de Felipão no vestiário antes do jogo contra a Alemanha; e, por fim, se dona Lúcia realmente existiu. E a tragédia ainda não tinha terminado. Na disputa do terceiro lugar, o Brasil foi derrotado por 3 a 0 pela Holanda. Argentina e Alemanha fizeram a final em um jogo equilibrado, e os alemães ganharam merecidamente o título, com um gol de Götze na prorrogação. Messi teve uma atuação discreta para seu altíssimo nível. Mesmo assim, foi eleito o melhor da Copa, o que o deixou constrangido. O melhor foi o holandês Robben. Um ano depois, na Copa América, a Argentina foi novamente vice-campeã, derrotada nos pênaltis pelo Chile. Foi outra atuação discreta de Messi. Ele é o maior jogador do futebol mundial, mas não é perfeito. Falta a Messi, nas situações de grandes dificuldades, a transformação emocional, a possessão que tinha Pelé.

Mesmo se Messi não ganhar uma Copa do Mundo, ou mesmo um outro grande título pela Argentina, já está na história como um dos cinco maiores jogadores de todos os tempos. Acho que, tecnicamente, já é o segundo, acima de Maradona, por ser magistral artilheiro e armador. Sei também que, mesmo que ele faça um gol mais bonito que o de Maradona na Copa de 1986, e que seja também campeão do mundo pela Argentina, ele não será tão fascinante para os argentinos como é Maradona, um personagem mais contraditório, misterioso e apaixonante.

A derrota do Brasil, mesmo por 7 a 1, foi vista como uma grande tristeza, mas não como uma tragédia, como a da Copa de 1950. Dessa vez, não houve um único culpado, um Barbosa, o goleiro daquela seleção. Pelo contrário, um grande número de brasileiros levou os 7 a 1 na gozação, o que ocorre até hoje. Seria isso uma evolução da sociedade, mais preocupada com os graves problemas sociais, políticos e econômicos e com a corrupção?

# 17. Não foi por acaso

Para minha satisfação, orgulho e surpresa, pois não sabia que liam minha coluna fora do Brasil, ganhei, no final de 2014, o importante e tradicional Prêmio Internacional de Jornalismo Manuel Vázquez Montalbán, concedido anualmente por uma comissão de jornalistas da Catalunha, pelos textos relacionados ao futebol. Os 7 a 1 foram atípicos, um exagero. A Alemanha não era o máximo dos máximos nem o Brasil era o péssimo dos péssimos, mas foi uma mensagem, um aviso, uma constatação, da queda de nosso futebol.

Para entender os 7 a 1, o futebol que se jogou na Copa de 2014 e o futebol que se joga hoje, no Brasil e em todo o mundo, vou tentar fazer uma análise, uma síntese da evolução na maneira de jogar nestes últimos cinquenta, sessenta anos.

Na Europa, a Copa de 1966 foi marcante, não só pelo novo sistema tático usado pela seleção inglesa, campeã daquele Mundial, mas também pela movimentação e velocidade dos jogadores em relação a épocas anteriores. Os ingleses jogavam com duas linhas de quatro, rígidas, e dois atacantes (4-4-2). Talvez seja, ainda hoje, o sistema mais usado no mundo, mais até do que o atual 4-2-3-1, uma variação do 4-4-2.

Em algumas equipes, os quatro jogadores da linha de meio-campo atacavam e defendiam em bloco. Em outras, os dois armadores pelo centro eram mais marcadores, parecidos com os volantes brasileiros, e os dois meias, um de cada lado, marcavam e atacavam. Os times poderiam ser defensivos ou ofensivos, dependendo se os quatro do meio-campo marcassem mais à frente ou mais atrás. Havia muito mais espaço entre os setores do que hoje. Muitas equipes sul-americanas seguiram o modelo europeu. O técnico argentino Carlos Bianchi, maior vencedor da Libertadores, ganhou várias vezes de times brasileiros jogando com as duas linhas de quatro. Já no Brasil, só Carlos Alberto Parreira utilizou essa formação, nas Copas de 1994 e 2006.

Como os dois armadores pelo centro ficavam muito distantes dos dois mais à frente, muitos treinadores passaram a recuar um dos atacantes para fazer a ligação entre o meio-campo e o ataque, formando um 4-4-1-1, que é quase idêntico ao atual sistema 4-2-3-1, com três meias e um centroavante. Hoje, é frequente jogar com apenas um volante e adiantar o outro, para atuar na linha dos meias (4-1-4-1).

Houve também, na Europa, algumas variações táticas. Os italianos gostavam de jogar com uma linha de três volantes e mais um meia de ligação, além de dois atacantes, formando um losango no meio-campo, sem meias pelos lados, como foi comum no Brasil durante muito tempo (4-3-1-2). Outras características em comum entre os estilos italiano e brasileiro foram os lançamentos longos para os atacantes e as bolas cruzadas na área. Não sei se fomos nós que copiamos os italianos ou o contrário. Coincidentemente ou não, o futebol da Itália e do Brasil sofreu uma queda técnica nos últimos tempos.

Outras equipes europeias atuavam com três zagueiros. Como

eles não tinham laterais que avançavam, na prática, eram cinco defensores. Alguns times formavam uma linha de três zagueiros, e outros preferiam ter um terceiro defensor atrás dos outros dois, chamado de líbero. Na verdade, o líbero era o zagueiro da sobra, que, quando o time recuperava a bola, se adiantava e passava a ser um jogador de meio-campo, à frente dos outros dois. Houve poucos líberos verdadeiros no mundo. O maior deles foi Beckenbauer. Depois dele, na seleção alemã, Lothar Matthäus fez, também com brilhantismo, a mesma função, durante muitos anos. Franco Baresi, do Milan e da seleção italiana, muito citado como líbero, era, na verdade, um zagueiro de enorme talento em uma linha de quatro defensores. Alguns times, como a seleção italiana que jogou contra o Brasil na final da Copa de 1970, usavam um sistema mais defensivo, com um zagueiro na sobra, atrás de outros quatro, que marcavam individualmente. A marcação individual foi abandonada há muito tempo pelos europeus, enquanto no Brasil foi abolida só recentemente.

Alguns times da Europa, como o Barcelona, jogam há muito tempo com uma linha de três no meio-campo e três na frente (4-3-3). Dos três jogadores do meio-campo, dois marcam como volantes e avançam como meias. Atuam de uma intermediária à outra. Nessas equipes não existe a dupla de volantes, um ao lado do outro. No 4-3-3, os jogadores pelos lados têm muito mais características de atacantes do que os meias que atuam pelos lados no sistema 4-2-3-1. Em algumas equipes que jogam no 4-3-3, quando o time perde a bola, os dois atacantes pelos lados voltam também para marcar, formando uma linha de cinco no meio--campo. Quando recuperam a bola, os dois atacantes pelos lados e os dois armadores ao lado do volante avançam e se juntam ao centroavante. O time ataca e defende com cinco. Se quiser, pode chamar de 4-5-1 ou de 4-1-4-1. Foi assim que a Alemanha jogou contra o Brasil nos 7 a 1. Essas equipes não possuem os dois volantes em linha e o clássico meia de ligação, o camisa 10, tão desejado pelos brasileiros, que atua em pequenos espaços, entre os volantes e o centroavante, e que não participa da marcação.

Na Europa, a passagem do 4-4-2 para o sistema atual, o 4-2-3-1, foi natural, uma vez que os times já tinham um meia de cada lado. Apenas trocaram um dos dois atacantes por um meia mais centralizado, embora muitos técnicos prefiram, até hoje, ter uma dupla de atacantes. Outra mudança foi formar laterais que, além de marcar, passaram a avançar, formando duplas com os meias pelos lados, na defesa e no ataque.

Antes, todos os laterais europeus eram apenas defensores. Alguns times colocavam quatro zagueiros típicos na linha defensiva. Com frequência, quando um lateral brasileiro, habilidoso e acostumado a avançar, jogava na Europa, era escalado na linha de meio-campo. Por ter laterais apenas defensivos, os volantes europeus se tornaram armadores, com habilidade para marcar e avançar, e não somente para proteger os defensores, como ocorreu no Brasil.

Mas a mudança mais importante ocorrida na Europa nos últimos tempos foi tentar melhorar a qualidade do espetáculo e, consequentemente, lucrar mais com o futebol. A Premier League, na Inglaterra, foi criada em 1992, seguida pelas ligas formadas na Espanha, na Alemanha e em outros países. Isso foi importante para o crescimento do futebol europeu. A Itália, que até 1992 tinha o melhor campeonato da Europa, ficou para trás em relação a Inglaterra, Espanha e Alemanha. Os alemães têm hoje a melhor média de público do mundo. Os europeus, principalmente os ingleses, diminuíram a violência, dentro e fora dos estádios, e melhoraram os gramados e o conforto para os torcedores. Os jogos passaram a ter um número menor de faltas, são menos tumultuados, com mais tempo de bola em jogo, com mais intensidade e mais troca de passes. A importação dos melhores jogadores sul-

-americanos e africanos foi também decisiva para melhorar a qualidade do jogo.

Desde 1997, existe em Portugal, na cidade do Porto, uma escola oficial de treinadores de futebol, reconhecida pela Uefa, com a presença, apenas recentemente, de alguns técnicos brasileiros. Não há uma escola parecida no Brasil. As que existem não são reconhecidas pela Fifa. Os treinadores brasileiros não estão autorizados a trabalhar nas equipes da Primeira Divisão da Europa. Temos, basicamente, dois tipos de técnicos no mundo. A maioria prefere adotar um sistema de jogo que alterna a marcação por pressão na frente com a marcação mais recuada, para contra-atacar. Os mais competentes com essas características são José Mourinho, Carlo Ancelotti e Diego Simeone, rotulados de pragmáticos. Raríssimos treinadores, como Guardiola, Sampaoli, Bielsa e Luis Enrique, adotam permanentemente a defesa adiantada, quase no meio-campo. Esses técnicos preferem que seus times marquem por pressão e tentem recuperar a bola no mesmo lugar do campo em que a perderam. A distância entre o jogador mais recuado e o mais adiantado é muito pequena. Guardiola é o mais talentoso dos que têm esse perfil. Grande parte dos times brasileiros segue o clássico padrão europeu. Pouquíssimos arriscam jogar como o Barcelona e o Bayern de Munique treinados por Guardiola. Guardiola, Sampaoli, Bielsa e Luis Enrique são técnicos que querem vencer e jogar bem.

Penso que a melhor solução de marcação seria posicionar os defensores na intermediária, na mesma distância da grande área e da linha de meio-campo. Quando a defesa se adianta demais, sobram muitos espaços nas costas dos zagueiros, e quando marca muito atrás, permite a pressão do adversário, além de ficar muito longe do outro gol, quando recupera a bola.

Guardiola, Bielsa e Sampaoli, quando querem pressionar mais o adversário e ter um time mais ofensivo, escalam três zagueiros (às vezes, volantes e laterais com funções de zagueiros), tiram os dois laterais, e os pontas passam a ser os alas. Ficam três no próprio campo e sete no do outro time. A equipe passa a ter mais jogadores para fazer gols, e a bola sai de trás com mais precisão.

No Brasil, os sistemas táticos e sua evolução foram diferentes dos europeus. Nos anos 1950 e 1960, quase todos os times atuavam no 4-2-4, com quatro defensores, dois no meio-campo (um volante e um armador, camisa 8) e quatro atacantes (dois pontas, um centroavante e um ponta de lança, camisa 10). No Cruzeiro, eu jogava como ponta de lança com a 8, e o meia-armador Dirceu Lopes com a 10. Nas Copas de 1958 e 1962, ao perceber que o meio-campo era muito grande para ter apenas dois jogadores, Zagallo passou a ser, pela esquerda, o terceiro jogador do setor (4-3-3). Telê já fazia o mesmo no time do Fluminense, pela direita, em 1952. Quando a Seleção recuperava a bola, Zagallo avançava como um ponta. Rivellino fez o mesmo na Copa de 1970. Pepe, em 1958 e 1962, e Edu, em 1970, dois pontas-esquerdas excepcionais, ambos do Santos, ficaram na reserva de Zagallo e Rivellino.

Como o Brasil teve vários grandes laterais que marcavam e apoiavam, como Nilton Santos, Carlos Alberto, Júnior, Roberto Carlos, Jorginho, Leandro, Nelinho, Cafu e outros, muitos técnicos achavam que os pontas ocupavam os espaços dos laterais quando estes avançavam.

Desapareceram os pontas, e durante muito tempo as equipes passaram a jogar com dois volantes marcadores (sumiram também os meias-armadores), dois meias de ligação e dois atacantes (4-2-2-2). Na prática, eram quatro atacantes, pois os meias não voltavam para marcar. Daí, a troca de um meia por um terceiro volante, formando um losango no meio (4-3-1-2), como alguns times jogam até hoje.

A armação das jogadas passou a ser feita pelo avanço dos

laterais — a maioria deles se limitava a correr e jogar a bola na área — e por um único meia de ligação, geralmente muito marcado. Como os zagueiros e os volantes brasileiros não tinham habilidade para trocar passes, proliferaram os chutões para jogar bolas na área e as simulações para cavar pênaltis e faltas.

Os sistemas táticos da Europa e da América do Sul, tão diferentes antes, convergiram para o atual 4-2-3-1, usado em todo o mundo. Porém, o que define a maneira de jogar, muito mais importante do que o desenho tático em si, é o tipo de marcação que se faz (onde ela começa e qual a distância entre o jogador mais recuado e o mais adiantado), os espaços entre os setores, as trocas de posições, as características e qualidades dos jogadores, a preocupação com a posse de bola e a troca de passes, além de muitos outros detalhes.

Uma das características do futebol moderno é fazer com que os jogadores atuem bem em várias posições e funções. Executar isso durante uma partida, no momento de um lance, é muito importante. Por outro lado, a escalação de jogadores nas posições em que atuam melhor é fundamental.

Diferentemente do que ocorreu na Europa, a mudança para o 4-2-3-1 no Brasil foi radical, já que não havia meias pelos lados. Isso começou recentemente, primeiro com Mano Menezes, no Grêmio, e depois com Tite, no Corinthians, em 2012, quando o time foi campeão mundial de clubes. O Corinthians parecia um time inglês. Quando perdia a bola, formava duas linhas rígidas de quatro. Hoje, a maioria das equipes brasileiras atua dessa forma.

Muitos outros fatores contribuíram para a queda de qualidade de nosso futebol, como a diminuição da formação de grandes talentos, a promiscuidade nas relações comerciais entre empresários, federações, clubes e a cbf, a supervalorização dos técnicos, a troca excessiva de treinadores e jogadores, o calendário ruim e a violência dentro e fora dos gramados.

Muitas pessoas que trabalham nas categorias de base são escolhidas muito mais por amizades com dirigentes e com técnicos das equipes principais do que pelo conhecimento técnico. Mesmo os profissionais mais sérios e competentes costumam repetir o que falam e fazem os técnicos das equipes principais. Os bons treinadores das categorias de base preferem as equipes principais, porque dá mais prestígio e dinheiro, um desejo habitual do ser humano.

Decorar todos os desenhos táticos de todos os times e conhecer todas as informações, úteis e inúteis, não significa competência para ensinar. Conhecimento não é apenas informação. "Os que têm estudo explicam a claridade e a treva, dão aulas sobre os astros e o firmamento, mas nada compreendem do universo e da existência, pois bem distinto do explicar é o compreender, e quase sempre os dois caminham separados."*

Há uma geração cada vez maior de pessoas que sabem muito e conhecem pouco. A solução também não é colocar ex-atletas, independentemente de terem sido craques ou não, que não tiveram preparação técnico-científica para o cargo. O ideal seria unir as duas qualidades, a experiência de ter sido um atleta com a formação acadêmica. Assim como há preconceito dos acadêmicos com os ex-atletas, como se eles não tivessem preparo intelectual para o cargo, há também preconceito dos atletas com os técnicos formados nas universidades, como se fosse impossível alguém ser bom treinador sem ter sido atleta profissional.

A maior dificuldade de os atletas, especialmente os grandes ídolos, se transformarem em ótimos profissionais em outras atividades ligadas ao esporte é a incapacidade de se desligarem do passado e de seus fantasmas, de criarem uma nova identidade profissional e assumi-la integralmente.

---

* *O albatroz azul*, João Ubaldo Ribeiro. Rio de Janeiro: Nova Fronteira, 2015.

Nos últimos tempos, proliferaram as escolinhas de futebol, tanto as particulares quanto as dos clubes profissionais. Criou-se uma indústria de produção em série para exportação e também para atender ao mercado interno. Mesmo os jovens de mais talento são colocados nessa fôrma. Há um excesso de jogadores muito parecidos. O Brasil continua produzindo um grande número de bons jogadores, mas desapareceram os excepcionais, de nível técnico intermediário entre um Neymar, que surge do nada, sem programação, sem aplicativo, e o grande número de bons jogadores espalhados pelo Brasil e pelo mundo.

Desapareceram os grandes armadores, como Falcão, Cerezo, Gérson, Rivellino, Dirceu Lopes e Ademir da Guia, que jogavam de uma intermediária à outra, que recebiam a bola da defesa, tocavam, avançavam, recebiam de volta e faziam toda a equipe jogar. Uma das razões disso foi a divisão que houve no meio-campo, entre os volantes, que marcam e jogam do meio para trás, e os meias, que apoiam e atacam do meio para a frente. Hoje, como os times são mais compactos, não há mais motivo técnico nem espaço físico para essa divisão. Quando um jovem armador talentoso chega às categorias de base, logo é transformado em meia ofensivo ou em jogador pelos lados.

Muitos estudos científicos mostram que a habilidade e a criatividade surgem na infância, para depois serem aprimoradas. O menino precisa brincar com a bola, sem compromisso, sem regras e sem professores, para depois aprender a técnica, a tática, o jogo coletivo e as posições em campo. A liberdade de brincar, e não os campos de terra, é que era importante. As atuais escolinhas, de clubes ou não, costumam fazer o contrário: ensinam aos meninos as regras e os comportamentos padronizados antes mesmo de desenvolverem a habilidade e a criatividade e antes de terem um desenvolvimento psicomotor adequado.

O atual e típico jogador produzido nas categorias de base é

alto, forte, veloz, habilidoso e driblador, mas com pouca técnica e pouca lucidez para tomar as decisões corretas. Evidentemente, há vários níveis técnicos com essas características. Os melhores estão na Seleção. As jogadas principais passaram a ser as estocadas, os lançamentos longos e as disputas individuais. Diminuíram a troca de passes e o jogo coletivo. O estilo atual dificulta o aparecimento de craques, que são mais criativos e têm mais técnica. Com menos craques, há menos chances de mudar o estilo. Cria-se um ciclo negativo.

Enquanto os times europeus são mais organizados, compactos e coletivos, com mais troca de passes da defesa para o ataque, os brasileiros e sul-americanos vivem mais de lances isolados e individuais e de estocadas. Por causa dessa diferença, predominam no futebol europeu os grandes armadores, como Iniesta, Kroos, Pogba, Modric, Xabi Alonso, Xavi e outros. Já no futebol sul-americano, destacam-se mais os atacantes agressivos, dribladores, habilidosos, improvisadores. O melhor trio ofensivo do mundo, talvez de toda a história, é formado pelo argentino Messi, pelo uruguaio Suárez e pelo brasileiro Neymar. A solução não é seguir a racionalidade e a técnica europeia nem a paixão e a improvisação sul-americana, mas sim unir o passe com o drible, a técnica com a habilidade e a realidade com a utopia.

A transição das categorias de base para a equipe principal é um momento decisivo na carreira de um jovem. Muitos que brilham na base acabam se apagando no time de cima. Uma das razões é a análise equivocada. Nem todo jogador habilidoso possui grande talento. Outro motivo é que muitos jovens ficam prontos fisicamente muito cedo, aproveitam-se disso e depois acabam perdendo a vantagem no time profissional. Muitos se perdem também no meio do caminho. No meio do caminho, existem os perigos da fama, do dinheiro, dos elogios, das críticas e da vida.

Os técnicos são importantes. Há treinadores ótimos e treinadores fracos, no Brasil e em todo o mundo. Uma grave deficiência de nosso futebol é a falta de continuidade, a troca excessiva no comando dos times, o que dificulta a formação de um bom conjunto. Paradoxalmente, uma das razões disso é a supervalorização dos técnicos, que se tornaram os maiores responsáveis pelas vitórias e pelas derrotas. As análises dos resultados e das equipes passaram a ser feitas a partir da conduta dos treinadores. Os dirigentes se iludem com o fato de que a única solução para melhorar é mudar o comando. Os técnicos, quando contratados, são tratados como salvadores e gênios, e depois, quando demitidos, são tidos como burros. Há ainda os burros com sorte — título de um livro escrito por Levir Culpi — e os gênios com azar.

Os técnicos não são os únicos responsáveis pela queda de qualidade do futebol brasileiro nos últimos tempos, mas não se pode eximi-los de suas responsabilidades. O grande erro dos treinadores brasileiros, mesmo entre os mais estudiosos, foi seguir um caminho ineficiente e medíocre — de utilizar, durante muito tempo, a marcação individual, que já tinha sido abandonada pelos europeus; de privilegiar os chutões e os lançamentos longos, como se isso fosse moderno; de trocar poucos passes, como se isso fosse lentidão; e de muitos outros detalhes que empobreceram o futebol, com aplausos de parte da imprensa. Esse período, paradoxalmente, foi o de maior valorização dos treinadores.

Por muito tempo, houve também um grande apreço pelos técnicos paizões, com pouco conhecimento científico, amigos dos jogadores e que gostam de discursos de autoajuda e de frases feitas. Felizmente, isso tem diminuído. O mesmo ocorre com os treinadores autoritários, muito valorizados por um longo tempo.

Durante as Copas do Mundo que acompanhei de perto, vendo todos os treinos da seleção brasileira, percebi que se perde muito tempo com treinamentos fora da realidade do jogo, como cruzar e finalizar sem a participação de defensores. Todos os treinadores fazem diariamente treinos de dois toques em campos reduzidos. Sei que a intenção é fazer com que os atletas troquem passes em pequenos espaços, o que é bom, mas penso que os jogadores acabam ficando viciados em tentar atuar com dois toques e perdem a capacidade de, durante as partidas, decidir se vai dar um, dois ou três toques ou driblar o adversário. Essa lucidez é essencial para se formar um grande jogador.

O futebol caminha para ter goleiros que saibam jogar com os pés e fora do gol, zagueiros que marquem e que tenham bom passe, meio-campistas que atuem de uma intermediária à outra, laterais que sejam defensores e apoiadores, formando duplas com os meias pelos lados, e centroavantes que, além de finalizar bem, se movimentem e deem bons passes.

Como os jogadores correm cada vez mais e, em uma mesma partida, ocupam várias posições e executam mais de uma função, não há mais sentido em definir a maneira de jogar de uma equipe pelo sistema tático. Os sistemas mudam a cada instante, e isso, algumas vezes, independe das determinações do técnico.

Cada vez mais os atletas se destacam pela concentração mental, pelo preparo físico e pela participação coletiva. Os psicólogos deveriam fazer parte da rotina das comissões técnicas, em vez de serem chamados apenas para ajudar nos momentos decisivos.

Uma das funções dos treinadores e dos sistemas táticos é reprimir e controlar os devaneios individualistas e valorizar mais o coletivo. Por outro lado, um dos sentimentos mais presentes na busca do craque pelo sucesso é a ambição de ser o melhor.

A violência nos gramados tem a ver com a violência presente na sociedade, que se espalha pelo futebol, nas brigas entre torcedores pelas ruas. Os jogadores e treinadores, pressionados e ameaçados para ganhar de qualquer jeito, perdem o controle, dão pontapés, carrinhos, brigam, discutem e agridem, para mostrar que têm raça. Os técnicos são geralmente omissos. Passam o jogo reclamando do árbitro e gritando, para mostrar que "jogam com o time" — um dos milhares de chavões do futebol. Em vez de advertirem e punirem os atletas violentos, os técnicos colocam a culpa nos árbitros. Estes, fracos tecnicamente, ficam perdidos com tanto tumulto criado pelos treinadores e jogadores.

Outro fator importante para a queda de nosso futebol é a relação promíscua que existe entre empresários, investidores, clubes, federações estaduais e a CBF. É a troca de favores, uma das pragas da cultura brasileira. É comum um treinador e um jogador, das categorias de base ou do time principal, serem agenciados pelo mesmo empresário. Dizer que isso não pode gerar conflito de interesses é desconhecer a desmedida ambição humana. Nem sempre os atletas que podem gerar lucros aos clubes são os que os técnicos querem colocar em campo. Os clubes, por comodismo e interesses escusos, são reféns desses empresários, que agenciam jogadores e técnicos e participam ativamente das contratações e das negociações para a saída de jogadores.

A primeira conduta de um dirigente ou de um treinador, quando assume o comando de uma seleção, deveria ser abolir todos os vínculos com empresários. Com frequência, um técnico convoca um jogador pela primeira vez, que então passa a ser valorizado, é transferido para um grande clube da Europa e nunca mais é chamado. Fica a suspeita de mutreta, ainda mais se o empresário do jogador for o mesmo do treinador. Melhor ainda é não escolher um dirigente da CBF que já tenha sido empresário de técnicos e de jogadores. Mesmo que ele interrompa formalmente todos os contratos anteriores, há sempre o perigo da permanência de vínculos afetivos.

Empresários costumam fabricar notícias, e jornalistas, por ingenuidade ou sem perceber, dão destaque e acabam se tornando participantes de um jogo de interesses. O marketing, importante em qualquer atividade, passou também a dominar o futebol, com a promoção de jogadores medíocres a bons e de excelentes a craques. O torcedor, consumidor, fica perdido, confuso, muitas vezes sem saber que está sendo enganado.

Outra relação promíscua no futebol brasileiro é a dos clubes com as torcidas organizadas, que chantageiam os dirigentes e até mesmo os jogadores. Além disso, costumam desrespeitar as leis. Se as torcidas organizadas se limitassem a torcer, a embelezar e promover o espetáculo, seriam ótimas, essenciais. Apesar de a maioria absoluta dos integrantes das torcidas organizadas não participar de arruaças, a minoria marginal é a principal causa da diminuição de público nos estádios, segundo pesquisas. A solução é manter as torcidas organizadas e acabar com os arruaceiros, prendê-los ou proibi-los de frequentar os estádios.

É preciso separar a Seleção do resto do futebol que se joga no país. Pela tradição, pelo enorme tamanho do território nacional, por ter muitos jogadores nas principais equipes do mundo e por ter milhares de crianças correndo atrás de uma bola, sonhando em ser craques, em vez de estarem em escolas públicas em período integral, o Brasil tem condições de ter uma seleção melhor do que a atual, mesmo com apenas um grande craque, Neymar. Já com relação ao futebol que se joga no Brasil como um todo, por causa da desorganização e da impossibilidade financeira de manter os principais atletas nos clubes, o nível é de segunda divisão, em comparação com os melhores times do mundo.

Nos anos 1960 e 1970, os melhores jogadores e times brasileiros eram melhores do que os melhores jogadores e times da Europa. Toda a Seleção de 1970 atuava no Brasil. O confronto entre Santos e Botafogo era tão espetacular quanto o atual Barcelona e Real Madrid. Isso mudou. Não podemos nos iludir e achar que um jogador de destaque nos campeonatos nacionais seja uma maravilha.

A ciência esportiva, a estatística e o desenvolvimento tecnológico contribuíram muito para melhorar e entender o futebol. É preciso, o mais rápido possível, adotar o uso da tecnologia na decisão de lances importantes e decisivos, impossíveis de serem vistos pelos árbitros e auxiliares.

O futebol vive um período marcante, de altíssimo desenvolvimento da ciência esportiva, especialmente da estatística. Hoje em dia, as grandes equipes do mundo e também as grandes do Brasil possuem equipes de informática, os chamados analistas técnicos e táticos, que dão todas as informações sobre os jogadores e os adversários. Isso ajuda os treinadores nas decisões e nas contratações de atletas pelos dirigentes. Por outro lado, há um exagero, uma adoração pelos números. Existem muitos técnicos muito bem informados, mas que têm pouca capacidade de observar os detalhes subjetivos. Nenhum aparelho é capaz de medir a lucidez, as emoções e os encantos dos atletas.

Os jogadores brasileiros, em comparação com os estrangeiros, são mais dependentes dos aplausos, do reconhecimento público e do que determinam seus técnicos. Têm menos consciência de suas virtudes e deficiências e mais dificuldades de assumir as responsabilidades e os riscos durante as partidas. O grande prestígio e as conquistas de nosso futebol são também enormes pesos para os jovens atletas.

Desde o passado, os jogadores brasileiros usam a esperteza, as simulações e as violações das regras e da ética para levar vantagem. O mesmo ocorre em outras atividades humanas. O jogador poderia argumentar que, no instante do lance, na emoção do jogo, na busca do sucesso, ele, sem pensar e sem racionalizar, age mais por impulsos e por desejos diabólicos, presentes nas profundezas da alma. Nada disso justifica ele não ser punido. Somos todos responsáveis por nossos atos.

A maneira de ver e de analisar o futebol também mudou. Ao mesmo tempo que aumentou bastante o número de jornalistas esportivos que se interessam por detalhes técnicos e táticos, existe também hoje pouca valorização e entendimento do jogo coletivo. Estamos na época do futebol midiático, dos melhores momentos, da repetição e da supervalorização de lances isolados, da construção de heróis e de vilões a cada jogo, como se lances individuais representassem o todo, a realidade. Após as partidas, durante dias, as imagens de lances isolados e as decisões dos árbitros são repetidas e discutidas um milhão de vezes.

A sociedade do espetáculo não gosta necessariamente de futebol. Gosta mais de consumir, festejar, descartar e trocar seus ídolos rapidamente.

# 18. Futebol, ouro e lama

*Tudo o que acontece fora de campo influencia na qualidade do jogo. Ninguém melhor que Juca Kfouri para fazer uma síntese da história e da evolução do poder político e financeiro da Fifa, que se espalhou por todos os continentes e federações de futebol em todo o mundo. Durante sua carreira, Juca tem investigado e denunciado a corrupção.*

FUTEBOL, OURO E LAMA
*por Juca Kfouri*

A Fifa foi fundada em 1904. Até 1974, quando o brasileiro João Havelange assumiu sua presidência, era uma entidade predominantemente centrada nos interesses do futebol europeu. Tinha uma pequena sede e não mais que doze funcionários. Sua transformação numa grande empresa transnacional, que se orgulha de ter mais filiados que a Organização das Nações Unidas (207 a 193), se deu sob a gestão de Havelange.

183

Nada democrática, em seus 112 anos de história, teve menos presidentes (apenas nove) do que a Igreja católica teve papas (dez) no mesmo período. É inegável que foi o cartola brasileiro o responsável pela mudança quando, tendo Pelé como cabo eleitoral no continente africano, venceu o inglês Stanley Rous, que a presidiu entre 1961 e 1974.

Desde 1974, a entidade passou a não mais caber na velha casa que a abrigava, espalhando-se por diversos locais em Zurique até que, em 2007, inaugurou, sob Joseph Blatter, sua nova e suntuosa sede, nos arredores do jardim zoológico da cidade suíça, para abrigar quase quinhentos funcionários.

Havelange pegou a Fifa quando o mundo começava a viver o processo de globalização e as Copas do Mundo já eram transmitidas ao vivo — ao que o filósofo canadense da comunicação Marshall McLuhan chamou de "aldeia global". Daí em diante, o negócio do futebol tornou-se um dos mais rentáveis da indústria do entretenimento mundial.

Havelange fez do grande interesse despertado pelo esporte mais popular do mundo um extraordinário motivo de ganância para poucos. Aliou-se à Adidas de Adolf Dassler, que fez fortuna inicialmente fabricando botas para o exército nazista de seu xará Hitler, a quem aderiu de corpo, alma e bolso. Começava uma era em que o futebol viraria meio para amealhar grandes fortunas, invariavelmente de maneira nebulosa. Gigantes multinacionais passaram a patrocinar a Fifa e seus torneios, numa expansão formidável que incluiu as Copas do Mundo de futebol feminino e das categorias de base, degraus necessários para invadir os cinco continentes e ter a Copa do Mundo das seleções principais como a cereja do bolo, ou o diamante dos diamantes. Tudo gerenciado por uma empresa de marketing esportivo chamada ISL, de Horst

Dassler, filho de Adolf, para intermediar o maior dos filões, as transmissões pela televisão dos eventos Fifa.

A Copa do Mundo passou a ser o objeto de desejo de países e suas empreiteiras. Havelange, com o falso discurso de que não tratava de política, só de futebol, passou a fazer a pior das políticas, aliando-se às ditaduras espalhadas pelo mundo e delas extraindo lucros inimagináveis, como na Copa da Argentina, em 1978, sob a ditadura do general Jorge Rafael Videla.

Espertos, os chefões da Fifa ampliaram primeiramente de dezesseis para 24 o número de participantes da Copa do Mundo, e depois para 32, ganhando definitivamente os votos da Ásia e da África, maiores colégios eleitorais, e diminuindo substancialmente o poderio europeu.

Mas em 2001, por gestão temerária, fraudes e corrupção desenfreada, a ISL faliu e passou a ser objeto de investigação da Justiça suíça, com um rombo de impressionantes 300 milhões de dólares. É nesse ponto que começa a derrocada de Havelange e seus parceiros. O cartola, que comandou a Confederação Brasileira de Desportos (CBD) com mão de ferro, entre 1956 e 1974, e dela saiu forçado pela ditadura brasileira assim que assumiu a Fifa, caiu em desgraça e se viu obrigado a renunciar ao posto simbólico de presidente de honra da transnacional mafiosa do futebol, assim como do Comitê Olímpico Internacional.

No Brasil, sua saída da CBD deu-se por ter malversado os recursos públicos para fazer a Taça Independência (ou Minicopa), em 1972, sob o pretexto de comemorar o Sesquicentenário da Independência. Consta que só não foi preso pela ditadura porque era um brasileiro mundialmente conhecido que acabara de ganhar a eleição na Fifa.

Nem por isso deixou de influenciar o futebol, tanto que fez do seu então genro, Ricardo Teixeira, em 1989, o presidente da

Confederação Brasileira de Futebol (CBF), que substituiu a CBD a partir de 1979. Teixeira era um ilustre desconhecido no mundo do futebol e caiu de paraquedas na CBF com um apetite pantagruélico em busca de fortuna e poder.

Reinou absoluto durante 23 anos, entre 1989 e 2012, e sobreviveu a duas Comissões Parlamentares de Inquérito (CPIS) no Congresso Nacional — uma chamada de CPI da CBF/Nike, na Câmara dos Deputados, e outra no Senado Federal, a CPI do Futebol —, embora tenha sido indiciado mais de uma dezena de vezes. O escândalo da ISL também o atingiu, assim como ao seu ex-sogro, denunciados por terem amealhado 45,5 milhões de reais em subornos por negociações em direitos de transmissão, o que o obrigou a se demitir tanto da CBF quanto do Comitê Organizador Local da Copa do Mundo de 2014, no Brasil, bem como do Comitê Executivo da Fifa. José Maria Marin, hoje em prisão domiciliar em Nova York e de tornozeleira eletrônica, o sucedeu.

Começou um interminável jogo de dominó que, se fosse de xadrez, teria o xeque-mate dado pelo FBI. Uma a uma, sem poupar cartolas de nenhum continente, as pedras foram caindo e prisões passaram a acontecer, contemplando todas as idades e cargos, os mais altos, do futebol mundial.

No Brasil, mais um presidente da CBF teve que abandonar o posto: Marco Polo Del Nero, indiciado pelo FBI, pediu licença. A suspeitada "famiglia Fifa" não precisava mais de subterfúgios: era mesmo uma quadrilha que irrigou os bolsos da cartolagem em detrimento da maior paixão mundial.

Os artistas da bola do futebol moderno, de Pelé a Messi, passando por tantos gênios como Cruyff e Maradona, cederam as manchetes para os meliantes das boladas, de Havelange a Blatter, passando por Marin e Del Nero, Leoz e Napout, até por Michel Platini, protagonista tanto da bola quanto das boladas.

Será de bom-tom, num livro de outro gênio do futebol como o autor desta obra, além de cidadão de vida irretocável e colunista insuperável, não aborrecer demais o leitor com tema tão árido e desagradável, embora obrigatório.

Em defesa do estômago do privilegiado leitor, basta dizer que o FBI calcula que só os tricampeões brasileiros na Copa do Mundo das fraudes, Teixeira$Marin$Nero, desviaram 120 milhões de reais da CBF. As grandes multinacionais que patrocinam a Fifa já deram o basta e exigem nova governança e, enfim, transparência. Movimento semelhante, embora ainda tímido, começa a se dar no Brasil. Trata-se de salvar mais que a Fifa ou a CBF, mas a credibilidade do jogo, do jogo de futebol.

O Comitê Olímpico Internacional já passou por experiência semelhante, depois que ficou provada a compra de votos para a escolha dos Jogos Olímpicos de Inverno de Salt Lake City, e, mal ou bem, depurou-se, até mesmo com a autoexclusão de Havelange. Enquanto não houver uma mudança estrutural para se chegar ao poder no mundo do esporte, o problema permanecerá, porque está tudo contaminado, desde a escolha dos presidentes de clubes até a escolha dos dirigentes das federações nacionais e internacionais. A estrutura é reacionária, corrompida e corruptora, avessa às mudanças e blindada, por exemplo, contra a participação eleitoral dos que fazem o espetáculo.

A democratização dos processos eleitorais não é a panaceia para acabar com os malfeitos, mas é um passo importante para aumentar o número dos que fiscalizarão os processos.

Por enquanto, no século XXI, o grande gol não foi marcado por nenhum centroavante, mas pela Justiça da Suíça e dos Estados Unidos.

Quem diria?, você pode perguntar.

Um antigo paraíso das contas bancárias secretas, protegidas

por números, e a polícia do mundo? É verdade. Mas, como ensinou o líder reformista chinês Deng Xiaoping, "não importa a cor do gato desde que cace o rato". Vivemos um momento extraordinário para fazer a limpeza do futebol e começar sob novas bases. A bola está quicando na área, à espera de gols redentores. Que apareçam mil Tostões para fazê-los.

# 19. Desconstrução e reconstrução

A psicologia ensina que a perda de alguém ou de algo importante precisa ser vivenciada, mesmo com sofrimento, para que, aos poucos, termine o luto. A pessoa aprende a conviver com a falta. Quando se tenta ignorar o luto, as chances de se tornar um problema crônico, depressivo, são muito maiores.

Após os 7 a 1, o Brasil deveria ter vivido o luto e feito uma longa reflexão, com debates sobre o futebol brasileiro. A CBF ignorou e, para tentar esquecer logo o fracasso, contratou novamente Dunga, pelos mesmos motivos que o levaram ao comando da Seleção após a derrota de 2006. Dunga tem virtudes, mas não representa a modernidade no futebol.

Um ano depois, por causa do fracasso na Copa América, o diretor de seleções, Gilmar Rinaldi, para dar uma satisfação, agradar a todos e diminuir as críticas, convidou, para encontros separados, por classes, treinadores de outros países, antigos técnicos da seleção brasileira, treinadores atuais, jornalistas esportivos e ex-campeões do mundo. Não aceitei o convite porque não acredito nessas reuniões esporádicas, rápidas, formais e sociais, e também porque, há vinte anos, critico e dou minhas opiniões e sugestões. Todos sabem o que penso. O que o futebol brasileiro precisa é de profissionais competentes e independentes nos cargos técnicos e de gestão.

A história não é dividida rigidamente em épocas, com datas marcadas para começar e terminar. Fatos muitas vezes contraditórios e opostos ocorrem simultaneamente. Mesmo com tanta sem-vergonhice, incompetência e desorganização, muitas coisas começaram a mudar, lentamente, dentro e fora de campo, no futebol brasileiro. A criação de uma liga nacional é inevitável, para comandar e organizar os campeonatos nacionais. A CBF ficaria apenas com o comando da Seleção, como acontece nos grandes centros da Europa. É importante diminuir o tempo dos campeonatos estaduais.

Apesar da renegociação da dívida dos clubes e de as contrapartidas exigidas não serem as esperadas, é provável que, a médio e longo prazo, eles se organizem melhor. Em curto prazo, poderá haver uma diminuição da qualidade técnica, pois os clubes não poderão contratar jogadores tão caros nem pagar os atuais altíssimos salários, já que, se não cumprirem as obrigações estabelecidas, poderão ser duramente punidos, inclusive com rebaixamento. Mesmo que haja uma grande melhoria na organização de nosso futebol, não devemos esquecer que, economicamente, não podemos competir com os países mais ricos, ainda mais depois da desvalorização do real. Continuará inevitável a saída dos melhores jogadores, até para a China.

Outros fatores fora de campo têm contribuído para melhorar o futebol. O Bom Senso F.C. tem dado boas sugestões para melhorar o calendário e ajudou, com boas ideias, na renegociação da dívida dos clubes. As campanhas de sócios-torcedores têm tido sucesso. A Universidade do Futebol, uma instituição independente, criada em 2003, tem debatido, pesquisado e proposto soluções para melhorar a organização do esporte. Com a investigação do FBI e as prisões de vários dirigentes da Fifa e do presidente da CBF, José Maria Marin, os corruptos vão pensar várias vezes antes de cometerem falcatruas. Além disso, os patrocinadores do futebol estão preocupados com suas marcas ligadas à corrupção e exigem uma reformulação na organização do esporte. Alguns já abandonaram o contrato com a CBF. Por causa disso, a entidade, apavorada com o rompimento dos acordos, criou um comitê de reformas, composto por várias pessoas, muitas delas comprometidas com a CBF. A primeira medida deveria ser uma mudança profunda na estrutura do futebol brasileiro, para que pessoas independentes tivessem chances, em uma eleição democrática, sem voto de cabresto, de assumir o comando da CBF.

A Fifa, após a escancarada corrupção, implodiu com o banimento de vários dirigentes e, em fevereiro de 2016, foi eleito seu novo presidente, o ítalo-suíço Gianni Infantino, ex-secretário-geral da Uefa e membro da Fifa. É uma esperança. O mesmo deveria ocorrer na CBF.

Embora ainda haja uma maior preocupação com o show de entretenimento do que com a qualidade técnica do espetáculo, a imprensa também evoluiu. Passou a cobrar mais qualidade do jogo. Aumentaram as matérias investigativas e as críticas à desorganização e à corrupção no futebol.

As equipes brasileiras, muitas dirigidas por novos técnicos, sem os vícios acumulados durante os últimos vinte anos, têm procurado jogar um futebol mais agradável, moderno e eficiente, seguindo o modelo das grandes equipes do mundo. Muitos técnicos, mais experientes, têm estudado e mudado os conceitos. Tem havido também uma diminuição do número de faltas e de partidas tumultuadas, bem como um aumento do tempo de bola em jogo, de público nos estádios e da arrecadação nos estádios construídos para a Copa. Por outro lado, a maioria dos novos estádios ainda dá prejuízo. As despesas são enormes. A crise econômica tende a aumentar o déficit.

Quanto à Seleção, pode ser que os jovens que não atuaram em 2014 e os que decepcionaram no Mundial estejam bem melhores em 2018. Quem sabe? Em uma visão otimista e pretenciosa, como as melhores gerações surgiram de doze em doze anos — em 1958, 1970, 1982, 1994 (havia apenas um supercraque, Romário, mas muitos excelentes jogadores) e 2006 (o Brasil não venceu, mas tinha, antes da Copa, seis jogadores na lista dos 23 melhores do mundo) —, a próxima ótima geração seria em 2018.

A evolução de alguns jogadores, como Douglas Costa e Willian — destaques de duas grandes equipes, Bayern de Munique e Chelsea —, aumenta as esperanças de que poderemos ter, em 2018, além de Neymar, outros jogadores excepcionais. A presença de quatro brasileiros (Neymar, Daniel Alves, Marcelo e Thiago Silva) na seleção da Fifa de 2015 é outro fato animador.

A conquista da medalha de ouro nas Olimpíadas do Rio de Janeiro e o amadurecimento de alguns jovens talentos aumenta a esperança de que o Brasil possa ter um ótimo time na Copa de 2018.

Um dos sentimentos habituais do ser humano é a reparação. Os jovens, principalmente os que jogaram o Mundial no Brasil, deverão fazer um grande esforço para recuperar o próprio prestígio e, sobretudo, o prestígio do futebol brasileiro, embora apenas a minoria dos jogadores que atuou na Copa de 2014 tem sido convocada. Isso aconteceu na Copa de 1970, após o fracasso de 1966, quando o Brasil foi eliminado na primeira fase.

Por causa da corrupção, da constatação de que a Seleção prejudica os clubes e pelo fato de os melhores jogadores estarem fora do Brasil, existe um descrédito com o time brasileiro, como se fosse um estorvo para nosso futebol. Não deveria ser assim. Ao mesmo tempo que o ser humano quer ultrapassar as fronteiras e se tornar um cidadão do mundo, existe um sentimento patriótico, um desejo de pertencer a seu bairro, sua cidade, seu estado, seu país, e vibrar com sua seleção.

Os saudosistas falam que o Brasil precisa recuperar a essência e voltar a jogar como nos anos 1960 e 1970. O futebol mudou. Temos que olhar e aprender com o passado, mas sem repeti-lo. É preciso separar a nostalgia, a saudade, um delicioso sentimento, do saudosismo de achar que tudo no passado era melhor. Os saudosistas possuem o hábito de idealizar um passado que nunca existiu. Por causa da globalização e por ter jogadores de todos os países espalhados pelo mundo, não existem mais as diferenças marcantes de estilo que havia antes. Há apenas particularidades de cada país e de cada continente. Os estilos são o de jogar bem ou não, de recuar e contra-atacar ou de dominar a partida, ter a posse de bola e pressionar. Melhor ainda são as equipes que unem os dois estilos em uma só partida. O que ocorreu foi que ficamos defasados. Precisamos recuperar a imaginação e a fantasia, mas com planejamento, organização e disciplina.

Em 2016, após novo fracasso da Seleção, com a derrota para o Peru e a eliminação na primeira fase da Copa América nos Estados Unidos, Gilmar Rinaldi e Dunga foram dispensados, e Tite assumiu o comando técnico. Tite tem muito mais conhecimentos que Dunga, é um treinador vitorioso, com vários títulos conquistados no Corinthians, além de conviver melhor com os jogadores, torcedores e a imprensa. É uma esperança.

O futebol brasileiro continua doente, mas a doença tem cura. Ele começa a melhorar. É preciso ficar atento, para que não haja recaídas. Para o doente ficar curado, é necessária a limpeza de nomes, de conceitos e da estrutura do futebol. A sujeira deve ir para o lixo, e não para debaixo do tapete. Os dirigentes corruptos, do Brasil e de todo o mundo, acusados de assaltarem o futebol, estão sendo denunciados e presos. É preciso desconstruir e reconstruir nosso futebol. A reconstrução tem que ser permanente.

Vivemos um período de incertezas, no país e no futebol. Quando as coisas estão muito ruins, é perigoso que se criem medidas que as tornem ainda piores. Além disso, a história do mundo mostra que muitos dos que criticam os que estão no poder fazem o mesmo quando assumem o comando.

Quando lemos sobre as transformações que aconteceram no mundo, em todos os aspectos e em todas as atividades, ficamos abismados com tantas mudanças. O que conhecemos hoje são detalhes muitas vezes insignificantes da história. Assim como no envelhecimento, as coisas mudam aos poucos, lentamente, e não percebemos. De repente, levamos um susto.

Receio que, no futuro, a história conte que, no passado, havia um lugar, o país do futebol, o Brasil, que tinha um rei, Pelé, que ainda é o melhor de todos os tempos, e um grande número de craques fenomenais que jogavam um futebol espetacular, mágico, bonito e eficiente. O mundo todo parava para ver o Brasil jogar. Mas, por causa da desorganização, da ganância, da incompetência, da corrupção, da falta de cuidado, dos otimistas prepotentes e da evolução dos outros países, tornou-se igual a tantos outros da América do Sul e da Europa, abaixo das grandes potências. Não podemos permitir que seja assim. Temos que ficar atentos. O futuro não é destino. O futuro é o que será construído.

Escrever este livro, com minhas impressões vividas e imaginadas, me deu muito prazer. A memória é o elo entre o passado e o presente, entre o corpo e a alma. Tenho ainda alguns sonhos, distintos dos que vivi. Receio que o futuro não chegue a tempo. Gosto do silêncio, do meu canto, de estar próximo das pessoas que amo e também de descobrir o mundo. Quero estar longe e perto de tudo. A vida e o futebol continuam.

# Créditos das imagens

p.1: Gazeta Press

pp. 2 (acima) e 4 (acima): Popperfoto/ Getty Images

pp. 2 (abaixo), 4 (abaixo), 6 (abaixo) e 7 (acima): Foto Arquivo/ Agência O Globo

p. 3: Acervo/ CPDOC JB

p. 5: Mazico/ CPDOC JB

p. 6 (acima): Keystone/ Hulton Archive/ Getty Images

p. 7 (abaixo): Estadão Conteúdo

p. 8 (acima): Acervo pessoal do autor

p. 8 (abaixo): Eugenio Sávio/ Abril Comunicações S.A.

1ª EDIÇÃO [2016] 3 reimpressões

ESTA OBRA FOI COMPOSTA EM MINION PELO ESTÚDIO O.L.M. / FLAVIO PERALTA
E IMPRESSA EM OFSETE PELA GEOGRÁFICA SOBRE PAPEL PÓLEN SOFT DA SUZANO
PAPEL E CELULOSE PARA A EDITORA SCHWARCZ EM FEVEREIRO DE 2017

A marca FSC® é a garantia de que a madeira utilizada na fabricação do papel deste livro provém de florestas que foram gerenciadas de maneira ambientalmente correta, socialmente justa e economicamente viável, além de outras fontes de origem controlada.